D1753627

Land-Berichte
Sozialwissenschaftliches Journal

Jahrgang XXII, Heft 1/2019

*Herausgegeben von
Karl Friedrich Bohler, Anton Sterbling
und Gerd Vonderach (Redaktionsleitung)*

*in Verbindung mit der
Sozialwissenschaftlichen Arbeitsgemeinschaft
beim Institut für regionale Forschung e.V.*

Shaker Verlag
Aachen 2019

Bibliografische Information der Deutschen Nationalbibliothek
Die Deutsche Nationalbibliothek verzeichnet diese Publikation in der Deutschen Nationalbibliografie; detaillierte bibliografische Daten sind im Internet über http://dnb.d-nb.de abrufbar.

**Land-Berichte. Sozialwissenschaftliches Journal
Jahrgang XXII, Heft 1/2019**
www.sozialwiss-journal.de

Herausgegeben von Prof. Dr. Karl Friedrich Bohler, Prof. Dr. Anton Sterbling und Prof. Dr. Gerd Vonderach (Redaktionsleitung) in Mitwirkung der Sozialwissenschaftlichen Arbeitsgemeinschaft "Land-Berichte".

Mitglieder der Arbeitsgemeinschaft:
Prof. Dr. Karl Friedrich Bohler (Universität Hildesheim)
Prof. Dr. Andrzej Kaleta (Universität Torun)
Dipl. Sozialwiss. Friedrich Reuter (Oldenburg)
Prof. Dr. Anton Sterbling (Fürth)
Prof. Dr. Gerd Vonderach (Oldenburg)

Redaktionsanschriften:
gerd.vonderach@t-online.de
bohler@soz.uni-frankfurt.de
friedrich.reuter@leb.de
sterbling@t-online.de

Preis Einzelheft: EUR 10,00
Preis Jahresabonnement (3 Hefte): EUR 25,00

Copyright Shaker Verlag 2019
Alle Rechte, auch das des auszugsweisen Nachdruckes, der auszugsweisen oder vollständigen Wiedergabe, der Speicherung in Datenverarbeitungsanlagen und der Übersetzung, vorbehalten.

Printed in Germany.

ISBN 978-3-8440-6498-8
ISSN 1868-2545

Shaker Verlag GmbH • Postfach 101818 • 52018 Aachen
Telefon: 02407 / 95 96 - 0 • Telefax: 02407 / 95 96 - 9
Internet: www.shaker.de • E-Mail: info@shaker.de

Inhalt

Vorwort   5

Zusammenfassungen   6

Historische Lebenswelten im nördlichen Elbe-Weser-Gebiet
Peter Bussler
Historische Impressionen aus dem Otterndorfer Raum   8

Peter Bussler
Das Hadler Sietland und seine ewigen Leiden   28

Zuwanderungswahrnehmung in kleineren europäischen Ländern
Dirk Mathias Dalberg
Die Bedeutung der politischen Kultur in der Flüchtlingskrise.
Das Beispiel Slowakei   42

Koloniale Tropeninsel vor hundert Jahren
Bernhard Frommund
Deutsch-Neuguinea Anfang des 20. Jahrhunderts   63

Ländliches Kulturengagement
Gerd Vonderach
Ehrenamtliches Engagement in ländlichen Museen   90

Buchbesprechungen   104

Jens-Peter Müller: Könige, Menschenrechtsaktivisten, Politiker –
Die Roma und ihre Eliten. Ein ungarisch-rumänischer Vergleich. Berlin 2017
(Rez.: Anneli Ute Gabanyi)   104
Clemens Renker: Das neue Dorf. Wiesbaden 2018 *(Rez.: Joachim Grube)*   106
Franziska Sperling: Biogas – Macht – Land. Ein politisch induzierter
Transformationsprozess und seine Effekte. Birkach 2017
(Rez.: Hermann von Laer)   109
Andreas Möller: Zwischen Bullerbü und Tierfabrik. Warum wir einen
anderen Blick auf die Landwirtschaft brauchen. Gütersloh 2018
(Rez.: Hermann von Laer)   112
Thomas M. Bohn, Aliaksandr Dalhouski, Markus Krzoska: Wisent-Wildnis
und Welterbe. Geschichte des polnisch-weißrussischen Nationalparks von
Białowieża. Köln, Weimar, Wien 2017 *(Rez.: Gerd Vonderach)*   115

Autoren und geplante Beiträge   119

Vorwort

Die Zeitschrift „Land-Berichte. Sozialwissenschaftliches Journal" dient der sozialwissenschaftlichen Bildung in einem fächerübergreifenden Verständnis. Eine besondere Aufmerksamkeit finden dabei Themen und Problemstellungen regionaler und ländlicher Lebenswelten. Die Herausgeber wollen mit einer Vielfalt von Beiträgen sozialwissenschaftlich orientierter Autoren insbesondere in diesem Umfeld Phänomene des gesellschaftlichen und kulturellen Wandels aus unterschiedlichen Perspektiven darstellen und diskutieren.

Die von Peter Bussler betriebene Aufsatzreihe zu den historischen Lebenswelten im nördlichen Elbe-Weser-Gebiet wird mit zwei Beiträgen fortgesetzt. Ein Beitrag zeigt historische Impressionen aus dem Umkreis der kleinen Stadt Otterndorf, wie sie in den Bildern namhafter Künstler und den Aufnahmen eines bekannten Fotografen hervortreten. Ein anderer Beitrag befasst sich mit dem Leben und Wirtschaften in dem oft von Überschwemmungen geplagten tiefgelegenen Hinterland des Hadler Sietlands, bevor große Schöpfwerke eine Abhilfe ermöglichten.

Der Beitrag von Dirk Mathias Dalberg zeigt unter Rückgriff auf wichtige Aspekte der historischen Erfahrung und der davon geprägten politischen Kultur auf, warum die von der EU vorgeschlagene Flüchtlingsquotenregelung sowohl von großen Teilen der slowakischen Bevölkerung wie auch dem größten Teil der wichtigsten slowakischen Parteien und Politikern abgelehnt wird.

Ein weiterer Text führt in ein neues Thema unserer Zeitschrift. Auszugsweise wird der Bericht eines Kolonialbeamten zu Anfang des letzten Jahrhunderts über das damalige Kolonialgebiet Deutsch-Neuguinea vorgestellt, in dem seine Wahrnehmung der Naturgegebenheiten und der Lebenswelt der Papua-Bevölkerung zum Ausdruck gelangt.

Ein anderer Beitrag befasst sich mit der bereits mehrfach thematisierten Bedeutsamkeit des ehrenamtlichen Engagements für ländliche Kulturwelten, und zwar diesmal am Beispiel einer empirischen Studie über ländliche Museen.

Und schließlich werden wieder mehrere Aufmerksamkeit verdienende Buchveröffentlichungen vorgestellt.

Zusammenfassungen

Peter Bussler: Historische Impressionen aus dem Otterndorfer Raum

Das heutige Hadler Landstädtchen Otterndorf an der Niederelbe vermittelt Einheimischen und Besuchern mit seinen historischen Bauwerken und malerischen Winkeln nach wie vor einen freundlichen und traulichen Eindruck. Diese heimelige Atmosphäre hat bereits vor weit mehr als 100 Jahren Historiker, Architekten, Heimatkundler sowie vor allem Kunstschaffende und Fotografen in ihren Bann gezogen. Als 1895 Karlsruher Kunstschüler im benachbarten Cuxhavener Küstenraum eine Malerkolonie gegründet hatten, fühlten diese sich rasch auch von den malerischen Schönheiten der Medemstadt angezogen. Zahlreiche bildende Künstler wurden dort sogar auf Dauer ansässig. Doch nicht nur bildende Künstler machten der Gemeinde ihre Aufwartung, sondern auch bedeutende Lichtbildner,; insbesondere dem aus Otterndorf gebürtige Fotografenmeister Ernst Nöldeke verdanken wir ein lückenloses Bild Alt-Otterndorfs sowie der Dörfer des Landes Hadeln.

Peter Bussler: Das Hadler Sietland und seine ewigen Leiden

Das 1928/29 fertig gestellte Schöpfwerk an der Otterndorfer Medem-Schleuse bildete den Schlussstein eines Hilfswerks für das gesamte Hadler Sietland, das seit Menschengedenken stets unter großer Wassernot gelitten hatte. Das Hinterland liegt teilweise bis zu etwa einem Meter unter dem Meeresspiegel, so dass ohne Entwässerung im Sietland ein geordneter Ackerbau oder effiziente Viehzucht zu keiner Zeit möglich wären. Bis weit in das 20. Jahrhundert waren Überschwemmungen während der Wintermonate an der Tagesordnung; häufig drang das Wasser in zahlreiche Bauernhöfe des Sietlandes bis in die Wohnstuben vor. Fester Untergrund konnte nur mit Booten oder Holzstegen erreicht werden. Diese Boote hießen „Flöten" und gehörten zu den wichtigen Verkehrsmitteln bei Überflutungen. Eine der besonders schrecklichen Überschwemmungskatastrophen hatte 1931 die gesamte Ernte vernichtet.

Dirk Mathias Dalberg: Die Bedeutung der politischen Kultur in der Flüchtlingskrise. Das Beispiel Slowakei

In der Slowakei lehnen Politik und Gesellschaft nahezu geschlossen die Aufnahme von Flüchtlingen aus dem Nahen und Mittleren Osten ab. Als die EU zur Entlastung anderer Mitgliedstaaten im Herbst 2015 eine verbindliche Zahl von aufzunehmenden Menschen beschloss, war die Empörung in der Slowakei groß. Die Regierung reichte beim Europäischen Gerichtshof Klage gegen den Beschluss ein. Die Gründe für die einhellige Ablehnung der Flüchtlingsaufnahme und die Angst vor Majorisierung liegen in der politischen Kultur des Landes. In ihr sind historische Erfahrungen der Slowaken im

Zusammenfassungen

Habsburgerreich sowie mit tschechischer und sowjetischer Dominanz ebenso gespeichert wie Konflikte mit Muslimen zur Zeiten der größten Ausdehnung des Osmanischen Reichs nach Mitteleuropa im 16. und 17. Jahrhundert. Ferner spielen Migrationserfahrungen eine gewichtige Rolle.

Bernhard Frommund: Deutsch-Neuguinea Anfang des 20. Jahrhunderts

Der Kolonialbeamte Bernhard Frommund berichtete in einem 1926 erschienenen Buch, aus dem hier Auszüge veröffentlicht werden, in anschaulicher, kenntnisreicher und gut lesbarer Weise über seine Erlebnisse und Eindrücke in den Jahren 1905 bis 1908 als Polizei- und Hafenmeister im damaligen Deutsch-Neuguinea bzw. Kaiser-Wilhelms-Land, wenn auch in der zeitbedingten, in seinem Fall eher gutmeinenden Sichtweise des Kolonialvertreters gegenüber den „Eingeborenen". Eindrucksvoll schildert er die ihn faszinierenden landschaftlichen Gegebenheiten der Tropeninsel, ihre Gebirge, Wälder, Küsten und Ströme, ihren Pflanzenreichtum, ihre Tierwelt, auch ihre Unfall- und Gesundheitsgefahren. Auch die Lebensverhältnisse und Lebensweisen der Papua-Bevölkerung werden vorgestellt, ihre Zersplitterung in viele, meist zerstrittene Stämme mit unterschiedlichen Sprachen, ihre für europäische Ansprüche geringe Arbeitsmotivation, verständlich angesichts des reichhaltigen Nahrungsangebots, die ausschweifenden Dorffeiern und die auffallende und zeitraubende Schmucksucht. Bemerkenswert war auch die erfolgreiche Ausbildung von Polizeisoldaten.

Gerd Vonderach: Ehrenamtliches Engagement in ländlichen Museen

Die Vielfalt ehrenamtlich geleiteter oder unterstützter, auch privat betriebener Museen hat eine große Bedeutung für das ländliche Kulturleben und die Attraktivität ländlicher Regionen. In einer empirischen Studie in zwölf ausgewählten Museen, deren Ergebnisse hier zusammenfassend referiert werden, wurden die typischen Ausprägungen des ehrenamtlichen bzw. freiwilligen Engagements untersucht. Dazu gehört insbesondere die herausgehobene, prägende und oft initiierende Stellung der Museumsleiter, aber auch das variantenreiche, oft kontinuierliche Engagement ehrenamtlich Mitwirkender, für die mehr Qualifikationsangebote sinnvoll wären. Ausführlich wurden auch die Ausgestaltung der Rekrutierung, Qualifikation und Gratifikation der Museumsaktiven sowie ihre Bedeutsamkeit für die lokale und regionale Integration der ländlichen Museen untersucht.

Peter Bussler

Historische Impressionen aus dem Otterndorfer Raum.
Bemerkenswerte Zeugnisse aus dem Oeuvre bildender Künstler und dem Nachlass des Fotografen Ernst Nöldeke

Der nördliche Teil des Hadler Gebietes um Otterndorf und Altenbruch gehörte schon immer zu den fruchtbarsten der Elbmarschen, während der südliche Teil, das Sietland, im Großen und Ganzen erst mit der Fertigstellung des knapp 34 km langen Hadler Kanals 1854 und dem zusätzlichen Bau von Schöpfwerken 1928 in eine bessere Zukunft blicken konnte.

Otterndorf liegt an der Elb- und Medemmündung gleichermaßen. Die kleine Landstadt hat heute rund 7.200 Einwohner, doch ging die Bevölkerungszunahme in den vergangenen Jahrzehnten wegen des Mangels an Industrie nur schleppend vonstatten. Um das Jahr 1880 hatte Otterndorf etwa 1.875 Einwohner, zu Beginn des 20. Jahrhunderts sogar nur 1.833.

Die Stadt war 1885 Verwaltungssitz des preußischen Kreises Hadeln geworden. Im Zuge der 1932 erfolgten Zusammenlegung der Kreise Hadeln und Neuhaus/Oste kam es zur Bildung des Kreises „Land Hadeln" mit dem Kreissitz in Otterndorf. Nachdem 1977 in Niedersachsen das Gesetz über die neue Gemeinde- und Gebietsreform in Kraft getreten war, wurden die Landkreise Wesermünde und Land Hadeln mit der kreisfreien Stadt Cuxhaven zum Landkreis Cuxhaven verschmolzen, so dass Otterndorf seinen Kreissitz zwar einbüßte, aber Verwaltungssitz der Samtgemeinde Land Hadeln wurde.[1] Um 1900 waren zahlreiche neue freundliche Landhäuser entstanden, darüber hinaus auch einige größere Gebäude wie die Kaiserliche Post, die Königliche Realschule oder die neue Hadler Sparkasse.

Das Land um Otterndorf weist nur wenige Erhebungen auf, zumeist frühere Wurten, künstlich aufgeworfene Hügel, welche den dortigen Bewohnern schon lange vor der Eindeichung Schutz geboten hatten. Besonders im Bereich der Kirche ist die Wurt als Teil einer uralten Ansiedlung deutlich zu erkennen. Im 12. und 13. Jahrhundert setzte verstärkt die systematische Kolonisierung in Hadeln ein, die gleichzeitig zur Bildung regelmäßig angelegter so genannter Strichdörfer führte,

---

[1] Peter Bussler: Historisches Stadtlexikon für Cuxhaven, Cuxhaven 2002, S. 223

was heute noch beispielhaft im benachbarten Altenbruch oder in Lüdingworth zu erkennen ist.

Das Land Hadeln gliederte sich früher in drei Stände. Zum Ersten Stand gehörten die Kirchspiele bzw. Kirchspielsgerichte des Hochlandes, nämlich Altenbruch, Neuenkirchen, Nordleda, Lüdingworth, Osterbruch, Osterende-Otterndorf und Westerende-Otterndorf, von denen die beiden letzteren ebenfalls eigenständige Gemeinwesen waren und bekanntlich erst viel später, nämlich 1929, mit der Stadt Otterndorf vereinigt worden sind.

Der Zweite Stand bestand aus dem Sietland mit den Kirchspielen Oster-Ihlienworth, Wester-Ihlienworth, Odisheim, Steinau und Wanna. Den Dritten Stand repräsentierte die Stadt Otterndorf.

Im Jahre 1400 hatte Otterndorf das Stadtrecht durch seinen Landesherrn bekommen, den Sachsen-Lauenburger Herzog Erich IV. Das Weichbild Otterndorfs bestand damals aus zwei Wurten und sollte fortan auch die Feldmark mit Hornweide, Esch und Westerweide einschließen. Vieles vom Charme vergangener Jahrhunderte hat sich in Otterndorf glücklicherweise bis in unsere Zeit erhalten.

Alle Gassen und Straßen hatten früher Kopfsteinpflaster (Foto: E. Nöldeke)

P. Bussler: Historische Impressionen aus dem Otterndorfer Raum

Auf Einheimische und Besucher macht die Stadt mit ihren alten Bauwerken nach wie vor einen traulichen, freundlichen Eindruck, den bereits der bekannte Marschendichter Hermann Allmers zu schätzen wusste, als er vor 150 Jahren in seinem soeben erschienenen Marschenbuch von dem „altmodischen aber freundlichen Landstädtchen" sprach. Gleichwohl dürfen wir nicht aus den Augen verlieren, dass die hier angesprochene heimelige Atmosphäre des alten tradierten Stadtbildes und die damit bis heute einhergehende romantische Verklärung in Wirklichkeit nicht nur Idylle gewesen ist, sondern über Jahrzehnte auch immer ein sanierungsbedürftiges Gebilde, bei welchem von der „guten alten Zeit" keineswegs immer die Rede sein konnte. Das belegen diverse überlieferte historische Fotos deutlich.

Es sind nunmehr rund 110 Jahre her, dass der allseits bekannte und bedeutende Kunsthistoriker, Erzieher und Direktor der Hamburger Kunsthalle, Alfred Lichtwark (14.11.1852-13.1.1914), im März 1908 dem Städtchen an der Medem einen Besuch abgestattet und darüber detailliert in seinen Reisebriefen[2] berichtet hatte. Ihm war besonders aufgefallen, dass man in Otterndorf die inzwischen verloren gegangenen allgemeinen Kenntnisse über alte Architektur und Ingenieurwesen anhand vieler architektonischer Beispiele wieder auffrischen konnte. Seine damaligen Beobachtungen gipfelten in der Aussage, dass dieses bescheidene Landstädtchen in seiner Art beinahe ebenso monumental wie Rom oder Florenz sei.

Beim Schlendern durch die engen, verwinkelten Gassen gewinnt man auch heute noch den Eindruck, dass dieser Ort mit seinen einmaligen Motiven nach wie vor von hoher malerischer Qualität ist. Der Besucher entdeckt immer noch zahlreiche geschützte und behagliche Winkel. Hier und da sind einige „Utluchten" zu entdecken, jene rechteckigen Ausbauten mit relativ hohen Fensterbänken, durch deren Fenster die Bewohner jederzeit das Geschehen auf der Straße oder vor der eigenen Haustür verfolgen können.

---

[2] Alfred Lichtwark - Reisebriefe. Teil 2. Hrsg. von Gustav Pauli, Georg Westermann, Hamburg 1923

P. Bussler: Historische Impressionen aus dem Otterndorfer Raum

„Utluchten" gibt es heute kaum noch (Foto: E. Nöldeke)

Die schönen Wallpromenaden, die in früherer Zeit der Verteidigung dienten und im 18. Jahrhundert mit Bäumen bepflanzt worden waren, laden auch heute noch zu Spaziergängen ein. Das am Süderwall im klassizistischen Stil von wohlhabenden Bürgern erbaute Gartenhäuschen aus der Zeit um 1800, früher auch als „Lusthaus" bezeichnet, fand schon immer die Aufmerksamkeit von Malern und Fotografen. Die von dort aus in nördliche Richtung angrenzenden hübschen Gärten mit ihrer Blumenpracht gab es auch schon vor einem Jahrhundert. Vom Süderwall aus blickt man auf die reizvolle Rückseite der an der Großen Dammstraße versteckt stehenden Häuserzeile, meistens Fachwerkhäuser, die inzwischen ebenfalls saniert und vor langer Zeit errichtet worden sind. Leider ist weitgehend in Vergessenheit geraten, dass vor allem auf dem lang gestreckten Norderwall, einer echten Reeperbahn, die Reepschläger ihre Seile, Taue und Tampen sowohl für die Schifffahrt als auch für bäuerliche Zwecke gedreht haben.

Das Otterndorfer Wohnhaus, von welchem aus Johann Heinrich Voss (1751-1826) mit seinen Übersetzungen (Homers) Eingang in die Literaturgeschichte gefunden hat, steht immer noch an seinem Platz gegenüber der Kirche an der gleichnamigen Straße (Johann-Heinrich-Voss-Straße), die früher die Bezeichnung „Domstraße" trug.

P. Bussler: Historische Impressionen aus dem Otterndorfer Raum

Johann-Heinrich-Voss- Straße, früher Domstraße (Foto: E. Nöldeke)

Otterndorf ist zu Recht stolz darauf, den Dichter und Privatgelehrten, den Übersetzer und aufgeklärten Protestanten in den Jahren von 1778 bis 1782 in seinen Mauern beherbergt zu haben. Die am Haus von J. H. Voss angebrachte Tafel mit einem erklärenden Hinweis auf dessen Wirken befindet sich dort schon länger als ein Jahrhundert.

In den reizenden Nebenstraßen lassen sich mancherlei interessante Entdeckungen machen, so in der Sackstraße, wo Architekten und Städtebauer nachvollziehen können, wie die Häuser früher an stark gekrümmte Straßen herangerückt worden sind. Um schiefe Räumlichkeiten zu vermeiden, ließ man die Häuser lediglich mit einer Ecke an den Bürgersteig stoßen, so dass die nachfolgenden Häuser an der dann vorspringenden Wand Fenster haben konnten.

Eine Reihe mächtiger Bürgerhäuser und ehemaliger Speicher ist an der Medem und inmitten des historischen Stadtkerns immer noch zu finden. Bei einigen alten Fachwerkbauten werden die oberen Stockwerke mit ihren überkragenden Seiten größer, und mächtige abgewalmte Dächer ragen wiederum auffällig über das obere Stockwerk hinaus. So ist nicht verwunderlich, dass die beschauliche Idylle der Medemstadt vor weit mehr als 100 Jahren in den Blickwinkel von Kunstschaffenden und bedeutenden Fotografen geriet. Bis auf die Reichenstraße führten früher im Großen und Ganzen nur kleine, schmale Gassen durch die Stadt.

Als Karlsruher Kunstschüler der Großherzoglich-Badischen Akademie der Bildenden Künste im Jahre 1895 in der Abgeschiedenheit des heutigen Cuxhavener Stadtteils Duhnen eine Malerkolonie gründeten, hatte das kurze Zeit später auch beachtliche Auswirkungen auf die Stadt Otterndorf.

Aufschlussreich ist in diesem Kontext ein in der Cuxhaven-Döser Zeitung vom 20. August 1902 entdeckter Bericht, aus dem hervorgeht, dass sich die in Duhnen allsommerlich versammelten Kunstschüler verhältnismäßig frühzeitig auch von den landschaftlichen Schönheiten des Landes Hadeln angezogen fühlten. Es heißt dort:

„Altenbruch, 20. August. Malerkolonie. Wie in den vorigen Jahren, so halten sich auch in dieser Saison hier wieder mehrere Maler und Malerinnen auf, die hier fleißig an der Arbeit sind und wieder so manche Straßenszenerie, so manche landschaftliche reizvolle Parthie unseres Flachlandes auf die Leinwand bannen. Es ist dabei interessant zu beobachten, wie einzelne Landschaftsszenerien unserer Gegend, sowie gewisse Straßenparthien, Jahr für Jahr die verschiedenen Künstler zu fast gleichmäßiger Behandlung reizen." [3]

Der besondere Reiz dieser Landschaft, die Mannigfaltigkeit der Motive und die relative Unberührtheit der Niederelberegion hatten die Neugierde der Kunstschaffenden geweckt. Zwar waren in Otterndorf auch schon vor der Jahrhundertwende (19./20. Jh.) gelegentlich Künstler aufgetaucht, doch sollte die Gegend schließlich erst um 1900 größere Beachtung durch die bildende Kunst erfahren.

Künstlerpersönlichkeiten wie Carl Langhein und Karl Otto Matthaei haben in Otterndorf zu Beginn des 20. Jahrhunderts ein interessantes Kapitel deutscher Landschaftsmalerei aufgeschlagen. Nicht zu vergessen, dass mit dem erfolgreichen Zusammenschluss so bedeutender bildender Künstler wie Julius von Ehren, Friedrich Schaper, Arthur Siebelist, Julius Wohlers oder Ernst Eitner der „Hamburgische Künstlerclub von 1897" entstanden war, aus dessen Reihen ebenfalls wichtige

---

[3] Abgedruckt in: Otterndorf – 600 Jahre Stadtgeschichte an der Nordsee. Kranichhaus-Schriften. Veröffentlichungen aus dem Archiv des Landkreises Cuxhaven Nr. 3, Otterndorf 2000, S. 359

Exponenten in der Medemstadt aufgetaucht sind.[4] Besonders der zuvor erwähnte Ernst Eitner (1867-1955) war dafür bekannt, dass er als Erster die triste und muffige Atelierluft verließ, um in den malerischen Winkeln des verträumten Ortes nach geeigneten Motiven zu suchen.

Auch der Kunstmaler Heinrich Freytag (1876-1951) war von der Medemstadt geradezu fasziniert, so dass er sogar nach Beendigung seines Studiums im Jahre 1910 nach Otterndorf übersiedelte. Auf zahlreichen seiner Kunstwerke ist der neue Realismus mit ebenso neuen Bildideen zu sehen. Im Rathaus von Stade war er vom 1. August bis 15. September 1913 in der „Niedersächsischen Kunstausstellung" mit folgenden Otterndorfer Motiven vertreten: „Ut de Achterdör" (Öl), „Das Gartenhaus" (Öl), „Am Wasser (Radierung), „Morgensonne" (Radierung) und „Otterndorfer Hafen" (Radierung).[5]

Der Maler Otto Roloff (11.10.1882-3.11.1975) gehört in den Augen der kunstinteressierten Otterndorfer Bevölkerung ebenso zu jenen Kunstschaffenden, die mit ihren Bildern einen bleibenden Bezug zu dieser Gegend geschaffen und damit einen wichtigen Beitrag für die Medemstadt geleistet haben. Auf Ölgemälden, Zeichnungen und Lithographien hat der in Lassan (Pommern) geborene Künstler die beschauliche Stimmung der kleinen Stadt festgehalten. Lange Jahre in Otterndorf ansässig, hat er wie nur wenige andere seine Wahlheimat auf der Leinwand verewigt. Bilder wie „Diele eines Hadler Hofes", „Abend am Hafen", „Alte Fischerleute" und unzählige weitere Motive liefern, ähnlich den historischen Fotoansichten von Ernst Nöldeke, eine lebendige Anschauung des Lebens in Otterndorf zu Beginn des 20. Jahrhunderts. In mancher guten Stube Otterndorfs findet man gelegentlich noch Roloffs Bilder, die von ihren Eigentümern wie ein kostbarer Schatz gehütet werden.

---

[4] Carsten Meyer-Tönnesmann, Der Hamburgische Künstlerclub von 1897, Christians, Hamburg 1985.
[5] Katalog der Niedersächsischen Kunstausstellung im Rathaus zu Stade vom 1. August bis zum 15. September 1913

Ölgemälde "Ansicht von Otterndorf" von Otto Roloff

Das vermehrte Auftreten bildender Künstler und Fotografen um die Jahrhundertwende (19./20.Jh.) macht deutlich, dass die Faszination und das Interesse für die küstennahe Niederelbelandschaft, das Malen intim gesehener Naturausschnitte mit den rasch wechselnden Lichtverhältnissen und der damit bewirkten Wandelbarkeit dieses Raumes mit der Freilichtmalerei gewachsen sind. Zahlreiche weitere bildende Künstler wie der 1841 in Emden geborene Landschafts- und Marinemaler Carl Rodeck (gest. 1909) oder der in Hamburg tätige Thomas Herbst trafen sich zu Studienzwecken in Otterndorf.

Aus dem Kreis der ab 1895 in der Malerkolonie Duhnen/Altenwalde tätigen Akademieschüler sind die zuvor erwähnten Persönlichkeiten Carl Langhein und Karl Otto Matthaei von herausragender Bedeutung. Heute hat Otterndorf allen Grund, die nachweislich große kunsthistorische Bedeutung Langheins zu würdigen. Immerhin ist es seiner Initiative und Weitsicht zu verdanken gewesen, dass gegen Ende des 19. Jahrhunderts erstmals in Deutschland qualitätvolle Künstlersteinzeichnungen angeboten wurden, die das Interesse weiter Bevölkerungskreise fanden.

Zu Beginn des 20. Jh. gab es kaum eine Wohnung oder eine Bildungseinrichtung im Deutschen Reich, in der nicht der künstlerische Wandschmuck für Schule und Haus mit entsprechenden Darstellungen unseres Raumes zu finden gewesen wäre. Sein engagiertes Mitwirken bei der wirtschaftlichen und künstlerischen Entwicklung des Künstler-Steindrucks muss aus heutiger Sicht als wesentlicher Beitrag volkspädagogischer Arbeit gewertet werden, und zweifellos hat er damit auch großen Anteil an der kunstpädagogischen Reformbewegung in der Wilhelminischen Ära.[6]

So wie der bekannte Otterndorfer Fotograf Ernst Nöldeke jun. und dessen Vater Ernst Nöldeke sen. schon zu Beginn des 20. Jahrhunderts zahlreiche Impressionen eingefangen hatten, so haben auch bildende Künstler wie Matthaei und Langhein ständig den stimmungsvollen Ansichten Otterndorfs und seiner unmittelbaren Umgebung nachgespürt. Das dokumentiert die beträchtliche Anzahl nachweisbarer Motive eindrucksvoll.

Beide Künstler entdeckten an den Elbdeichen und in den verschiedenen Winkeln des Otterndorfer Raumes ständig neue Motive. Langhein hatte sich bekanntlich für die um 1903 entstandene Farblithographie „Friesisches Küstenstädtchen" ein Stimmungsbild aus Otterndorf vom Großen Specken mit der eigenartigen Stimmung ausgewählt. Das Motiv zeigt den anbrechenden Morgen; *„die zerrissenen Wolken lassen eher einen regnerischen Tag erwarten. Die alten Rotsteinhäuser, der ankernde Elbewer im Vordergrund mit dem auffälligen Kirchturm der St.-Severi-Kirche*

---

[6] Vergleiche dazu auch: Inge Schlünder: Die deutsche Künstler-Steinzeichnung und die kunstpädagogische Reformbewegung in der Wilhelminischen Ära, Frankfurt a. M. 1973 (Europäische Hochschulschriften 8)

dahinter scheinen erst kurz vorher aus dem Zwielicht der Dämmerung aufgetaucht zu sein."[7]

Lithographie „Friesisches Städtchen" von Carl Langhein

Die Otterndorfer Kirche gehört seit jeher zu den größten in Hadeln, und immerhin lässt sich ihre Geschichte bis in das 13. Jahrhundert zurückverfolgen. Doch ist vielen gar nicht mehr bewusst, dass der heutige etwa 48 Meter aufragende Kirchturm erst 1876 errichtet worden ist. Den vorigen Kirchturm hatte man zunächst ohne Spitze gebaut, und auf alten Stichen aus der Mitte des 19. Jahrhunderts ist deutlich eine Plattform auf dem Kirchturm zu erkennen, die in den Jahren von 1837 bis 1850 den optischen Telegraphen auf der Strecke Hamburg-Cuxhaven beherbergte. Über den zu Voss' Zeiten existierenden krummen Spitzturm hatte der Dichter in dem bekannten Bänkelsang „An den Wind" sehr geklagt:

---

[7] Firmenkatalog R. Voigtländer, Leipzig, Sept. 1903, S.30.

P. Bussler: Historische Impressionen aus dem Otterndorfer Raum

„Auch unser krummer Kirchenturm,
Mein Nachbar, hat nicht gerne Sturm,
Sonst fällt das alte Übel,
Noch gar auf meinen Giebel."

Wie sehr Langhein dieses Motiv geschätzt hat, beweisen diverse andere Ölbilder mit abgewandelten Ansichten vom Großen Specken mit seinen Ewern, Kähnen, Flöten oder Bullen, die im Kunsthandel aber nur noch gelegentlich auftauchen. Es ist interessant, dass auch der Otterndorfer Fotograf Ernst Nöldeke das Langhein'sche Motiv virtuos mit seiner Kamera eingefangen hat.

Karl Otto Matthaei war wie nur wenige andere von der Küstenlandschaft der Niederelbe in Otterndorf und Neuhaus gefangen. Ein Leben lang galt seine Vorliebe den Marschen und Watten, die es nur an dieser Küste gibt, mit dem vom ewigen Seewind ausdrucksvoll gekrümmten Bäumen, die die alten Marschenhöfe hinter den schützenden Deichen umgeben. Noch kurz vor seinem Tode am 19. November 1931 hatte der schwer erkrankte Künstler in einem Brief (vom 11.7.1931) an Cuxhavens bekannteste Malerpersönlichkeit Ernst Gock (1869-1957) den Wunsch geäußert, *„...jetzt herauszukommen zum Arbeiten, ...ich wäre gerne wieder nach Otterndorf gegangen".*[8]

Als Maler, Zeichner und Graphiker gehört Karl Otto Matthaei zu den bemerkenswerten Künstlerpersönlichkeiten zwischen Elbe und Weser im ersten Drittel des 20. Jahrhunderts. Auf unzähligen Bildern und Zeichnungen hat er die küstennahe Landschaft festgehalten. Jahr für Jahr hat er diese Region bereist, um bei den Fischern und Bauern der Niederelbe und in den Heidegebieten der Geest seinen Motiven nachzugehen.

---

[8] Brief von Karl Otto Matthaei an Ernst Gock in Cuxhaven vom 19.11.1931. Im Besitz des Verfassers

„Kranichhaus", aquarellierte Federzeichnung von Karl Otto Matthaei (1905)

Vor allem durch die dank Langhein um 1900 bewirkte starke Verbreitung der Druckgraphik erlangte Matthaei besondere Popularität. Seine schöne Farblithographie „Aus dem Lande Hadeln", die ein Motiv aus der Sackstraße in Otterndorf wiedergibt, legt Zeugnis ab vom Können des Künstlers. Der Otterndorfer Fotograf Ernst Nöldeke war übrigens mit Matthaei eng befreundet und hat ihn mehrfach bei seiner künstlerischen Tätigkeit fotografiert. [9]

Im Jahre 1903 hatte Matthaei in Otterndorf seine ersten Malschülerinnen unterrichtet, unter denen sich auch die 35-jährige Agnes von Holten befand, einziges Kind des Kommodore John Georg von Holten aus Hamburg, einer der ältesten und erfahrensten Kapitäne der Hamburg-Südamerika-Linie. Über dieses erste Zusammentreffen mit ihrem Lehrer Matthaei in Otterndorf hat sie in ihren Lebenserinnerungen berichtet:

„...Bald nach Ende der Schulzeit fing ich an, in der Kunsthalle in Hamburg zu kopieren und bekam dann Unterricht von Friedrich Schwinge, der eine große

---

[9] Siehe dazu auch den Verkaufskatalog des Verlags R. Voigtländer Leipzig, Die farbige Künstlerlithographie und ihre Bedeutung für die künstlerische Kultur, o.J. (Um 1908)

Anzahl Schülerinnen hatte. Er malte hauptsächlich Aquarelle und Gouachen und suchte seine Motive in der Heide in der Umgebung von Hamburg. Im Frühjahr wurde dann eine kleine Studienreise in Hamburgs Umgebung gemacht, wobei es abends sehr lustig zuging, da lauter junge Menschen, oft 20 Schülerinnen zur Zeit, zusammenlebten. Auch ohne Lehrer gingen wir im Sommer hinaus um zu malen und kamen so 1903 nach Otterndorf, wo dann Karl Otto Matthaei unser Lehrer wurde. Ich blieb nach Abreise meiner Kolleginnen noch länger in Otterndorf; als der schöne Sommer zu Ende ging, hatten Otto und ich uns verlobt. ...Wir siedelten 1906 nach Karlsruhe über, nachdem wir 1905 geheiratet hatten. Im Sommer ging ich mit Otto zusammen auf Studienreisen nach Otterndorf oder Altenwalde, bis unsere Tochter Herta Ursula im November 1909 geboren wurde."[10]

Überall im Lande Hadeln lassen sich Nachweise seines Schaffens entdecken. In Otterndorf zeichnete und malte er die altehrwürdigen Häuser, das Kranichhaus, in welchem sich heute das Museum für regionale Kulturgeschichte und Volkskunde befindet, die Bauerngehöfte in der Marsch, den Regenbogen über dem Deichvorland, den Schiffsverkehr auf der Niederelbe sowie den Gasthof „Zur Schleuse", dessen Ursprünge auf die Zeit um 1700 zurückgehen.

Oft war Matthaei im Schleusen-Gasthaus eingekehrt und hatte bis kurz vor seinem Tod regelmäßig in den Sommermonaten dort logiert, was die akribisch geführten Aufzeichnungen im „Fremden-Buch für Gastwirt E. Nöldeke zu Osterende-Otterndorf" eindrucksvoll bestätigen. Der Gastwirt Ernst Nöldeke sen. (Friedrich <u>Ernst</u> Heinrich; Vater von Ernst Nöldeke jun.) hatte das Anwesen im Jahre 1888 von einer Familie Lührs erworben. Am 15. September 1938 konnte das beliebte Gasthaus sein 50-jähriges Jubiläum feiern; es befand sich zu diesem Zeitpunkt jedoch schon seit einigen Jahren in den Händen von Albert Nöldeke, einem von insgesamt vier Söhnen von Ernst Nöldeke sen.

---

[10] Agnes Henriette Louise Matthaei, geb. von Holten: Biografie und Lebenserinnerungen über ihren Ehemann Karl Otto Matthaei. In: Die Nachkommen von Johann Diedrich Matthaei und Louise Matthaei, geb. Wolff; unveröffentlichtes Maschinenmanuskript, zusammengestellt von Dr. Walter Matthaei, o.J. (Um 1940), S. 30-36. Kopie im Besitz des Verfassers

"Gasthaus Zur Schleuse", *Ölgemälde von Karl Otto Matthaei (1905)*

Ernst Nöldeke sen., den alle liebevoll „Vater Nöldeke" nannten, war ein knappes Jahr zuvor am 9. November 1937 hochbetagt verstorben. Das Haus beherbergte einstmals zahlreiche Sehenswürdigkeiten und war in nah und fern bestens bekannt. Auf mehreren frühen Gemälde Matthaeis ist die schöne Vorderfront mit den weißen Fachwerkbalken gut zu erkennen. Auch der Fotograf Ernst Nöldeke jun. hat das Anwesen seiner Eltern zu allen Jahreszeiten mit der Kamera festgehalten.

Ein weiterer Künstler, der ebenfalls ständig neue Kraft aus seiner Wahlheimat Otterndorf geschöpft hat, war der am 26. Mai 1890 in Lehe/Wesermünde geborene Autodidakt und Landwirt Willy Meyer-Buhr, der im Jahre 1920 auf einem 1680 erbauten Bauernhof an der Straße nach Bülkau ansässig geworden war. In der Umgebung seines Hofes hat er alle landschaftlichen Schönheiten festgehalten. Bei der Bewältigung künstlerischer Probleme sollte ihm der oben erwähnte Otto Roloff eine wertvolle Stütze sein. Roloff besuchte Meyer-Buhr häufig auf dessen Bauernhof, um dem an keiner Kunstschule ausgebildeten Meyer-Buhr wertvolle Ratschläge zu geben.[11] Die Auflistung

---

[11] Peter Bussler: Historisches Lexikon der bildenden Künstler für Cuxhaven und Umgebung, Bremerhaven 2004, S. 147

bedeutender Künstler, die hier ihren Motiven nachgingen, ließe sich beliebig fortsetzen.

Nach diesem Exkurs in die Welt der für Otterndorf bedeutsamen Künstlerpersönlichkeiten des 19./20. Jahrhunderts soll unser besonderes Augenmerk dem schon mehrfach genannten Fotografen Ernst (Friedrich Hermann) Nöldeke jun. gelten.

E. Nöldeke jun. wurde am 5. November 1876 in Harburg geboren; verheiratet war er mit der am 27. Oktober 1881 geborenen Hedwig Nöldeke, geb. Skubella. Er war ein echter Künstler seines Fachs, und seinem jahrzehntelangen Wirken als Otterndorfer Lichtbildner und Fotografenmeister vornehmlich in der ersten Hälfte des 20. Jahrhunderts verdanken wir ein weitgehend lückenloses Bild Alt-Otterndorfs sowie der Dörfer und Kirchen des Landes Hadeln. Dabei dürfen wir jedoch nicht aus den Augen verlieren, dass auch schon dessen Vater, Ernst Nöldeke sen., ein ausgezeichneter Fotograf gewesen ist, der uns ebenfalls zahlreiche Ansichten von Alt-Otterndorf hinterlassen hat. Eine Differenzierung, wer von den beiden Fotografen welche Bilder geschaffen hat, ist daher nicht in jedem Fall zweifelsfrei möglich.

Eigentlich hätte Ernst Nöldeke jun. Musiker werden wollen. Sein Lieblingsinstrument war die Bratsche, und unter den Klassikern schätzte er besonders die Musik von Beethoven, Schubert und Mozart. Daher ist auch nicht verwunderlich, dass er neben seiner Tätigkeit als Fotograf viele Jahre in Kammerorchestern gespielt hat. Das Schicksal wollte es anders: Nöldeke hatte Probleme mit seinem Gehör, und deshalb entschied er sich für den Beruf eines Fotografen, dem wir viele künstlerisch wertvolle Bilder aus der Hadler Kreisstadt und ihrer Umgebung verdanken. Seine Aufnahmen bewahrten viele inzwischen abgerissene Gebäude vor dem endgültigen Vergessen. Noch im hohen Alter von 90 Jahren sah man diese bekannte und liebenswerte Erscheinung durch die Straßen der Stadt gehen.

Partie an der Medem mit Frachtewer (Foto: E. Nöldeke)

Ernst Nöldeke war der Sohn des Gastwirtsehepaars Ernst (Friedrich Heinrich) Nöldeke sen. und dessen Ehefrau Marie Elisabeth, geb. Fischer, die gemeinsam ab 1888 den altehrwürdigen Gasthof an der Otterndorfer Schleuse bewirtschaftet hatten.

Die zumeist stimmungsvollen Fotografien Nöldekes von den ehemaligen Wallgräben und ihren Gartenhäuschen aus der frühen Biedermeierzeit, der Kirche St. Severi, dem mehrfach umgebauten und erweiterten Rathaus aus dem Jahre 1583 mit seinen erst 1994/95 wieder freigelegten einzigartigen Wand- und Deckenmalereien, dem Voss-Haus und der Lateinschule, den idyllischen historischen Plätzen an der Medem mit ihren Stegen, Anlegern und Speichern, den betagten Fischerhäusern in Deichnähe, den Hinterhausansichten und barocken Giebeln der prächtigen Bürgerhäuser in der Marktstraße und Reichenstraße, oder den Stimmungsbildern aus den engen gepflasterten Gassen wie beispielsweise der Eschstraße, Landeshäuser Straße, Sackstraße, Himmelreich und Hasenort legen beredtes Zeugnis ab vom hohen künstlerischen Können des Fotografen Ernst Nöldeke.

P. Bussler: Historische Impressionen aus dem Otterndorfer Raum

Blick auf die alte Lateinschule (Foto: E. Nöldeke)

Aus unterschiedlichen Blickwinkeln hatte dieser die 1614 errichtete und bis 1891 schulischen Zwecken dienende Lateinschule abgelichtet, ein Fachwerk-Backsteinbau im „Himmelreich" in unmittelbarer Nachbarschaft zur Kirche. Das berühmte Kranichhaus, dessen Anfänge auf das Jahr 1696 zurückgehen, mit seinem reizvollen rückwärtigen Speichergebäude (Kreisarchiv seit 1948), ursprünglich als Kaufmannshaus errichtet, gehörte ebenfalls zu seinen beliebten Motiven. Nicht zu vergessen den Bull'schen Speicher aus dem 18. Jahrhundert, der den Kleinen Specken nach Norden begrenzt und von wohlhabenden Getreidehändlern als Lagerhaus gebaut wurde. Er gehört immer noch zu den markantesten und repräsentativen Bauwerken, das der Stadt Otterndorf besondere Attraktion verleiht. Auch recht profane Bauwerke wie das heutige Amtsgericht, errichtet 1773 in seiner jetzigen Form an Stelle des ehemaligen Schlosses der Herzöge von Sachsen-Lauenburg, fanden Nöldekes Aufmerksamkeit, ebenso das 1641 entstandene Torhaus hinter dem Amtsgericht als Rest einer einstmals ausgedehnten Schlossanlage.

Nöldekes besondere Zuneigung galt dem Großen Specken und der historischen Bebauung am Medemufer mit seinem alten Holzkran, wo die Lastkähne in früherer Zeit be- und entladen wurden. Diese einmaligen fotografischen Dokumente widerspiegeln jedoch nicht nur Idylle, Beschaulichkeit und gute alte Zeit, sondern charakterisieren gleichermaßen das in Wirklichkeit beschwerliche Leben in dem damaligen Landstädtchen mit verhältnismäßig schlechten Trinkwasserverhältnissen, die ihren Ausdruck finden in den früher zahlreich anzutreffenden Regenwassertonnen vor den Häusern. Man lebte und wohnte ohne großzügig ausgebaute Kanalisation, ohne moderne Sanitäranlagen und ohne gut funktionierende Wasserleitungen, die in heutiger Zeit allemal zu den Selbstverständlichkeiten und Annehmlichkeiten unseres urban geprägten Lebens gehören. Damals mussten tagtäglich Fuhrleute mit dem Heranschaffen sauberen Trinkwassers von der Geest beauftragt werden. Es ging also allenfalls beschaulicher zu.

Otterndorf bietet keine Unberührtheit mehr, gleichwohl hat sich in zahlreichen verborgenen Winkeln und Gassen eine ganze Menge der einstmaligen Beschaulichkeit bis in die heutige Zeit retten können. Liebhaber schöner Stadtansichten kommen in Otterndorf immer noch auf ihre Kosten, denn eine ganze Reihe repräsentativer und gut restaurierter Fachwerkhäuser mit ihren hübschen Giebeln ist erhalten geblieben. Im Zuge der Altstadtsanierung ist an zahlreichen Gebäuden die alte Pracht wiedererstanden.

Alte Speicher an der Medem (Foto: E. Nöldeke)

P. Bussler: Historische Impressionen aus dem Otterndorfer Raum

Andererseits hat das Ortsbild vor allem im Bereich der Reichenstraße nach der vor Jahrzehnten erfolgten Verbreiterung der B 73 erhebliche nachteilige Veränderungen hinnehmen müssen, weil die damaligen umfassenden Baumaßnahmen große Teile des historischen Zentrums maßgeblich beeinflusst haben, was bedauerlicherweise nicht zum Vorteil des historischen Ensembles der Medemstadt gereichte. Man denke in diesem Zusammenhang nur an das alte Landratsamt, dessen Frontseite um etliche Meter zurückversetzt werden musste.

Die zahlreich erhaltenen stimmungsvollen Otterndorfer Impressionen des Fotografen Ernst Nöldeke konnte der Verfasser vor rund 25 Jahren aus dem Privatbesitz der Nachfahren erwerben. Ernst Nöldeke hatte die letzten zehn Jahre seines Lebens in Otterndorf im Altenheim verlebt. Wenige Tage vor seinem Tod am 2. Januar 1971 war er noch in das Kreisaltersheim nach Ihlienworth gekommen, wo er, im 95. Lebensjahr stehend, verstorben ist. Mit ihrer unmissverständlichen und klaren Aussage legen seine Fotografien Zeugnis ab vom eigenartigen Reiz und besonderen Flair einer vergangenen Epoche.

Nachdem der letzte Gastwirt, Albert Nöldeke, Bruder von Ernst Nöldeke jun., im Jahre 1952 an Malaria verstorben war, ging die Gastwirtschaft „Zur Schleuse" am 1. Juni 1957 nach rund 70 Jahren im Familienbesitz in andere Hände über. Damit endete auch ein wichtiges Kapitel in der jüngeren Otterndorfer Gastronomiegeschichte.

Lassen wir am Ende unserer kleinen Reportage über das malerische Landstädtchen noch einmal den versöhnlichen Ton Alfred Lichtwarks anklingen, der Ende März 1908 nach seinem Besuch in Otterndorf schwärmte:

„... In seiner Art ist dies bescheidene Landstädtchen ebenso monumental wie Rom oder Florenz. Es hat auch sehr hohe malerische Qualität, und alle Motive und Gedanken sind Keime, aus denen unzählige neue und zweckmäßige Formen gezüchtet werden können. (...)
Reizend sind überall die 'Utluchten', wie wir sie früher auch in Hamburg hatten, rechteckige Ausbauten mit hohen Fensterbänken und roth gedeckt. Ich hatte Zeit, um die Wälle zu gehen, die mit schönen alten Baumreihen bestanden sind. (...) Ich hatte leider keine Zeit, die großen Gärtnereien aufzusuchen, ich mußte noch durch alle Straßen und die Kirche, durch die stattliche Hauptstraße mit mächtigen Häusern, durch die reizenden Nebenstraßen, in denen man sich nicht satt sehen kann. Wie sich das windet und schiebt und überschneidet, wie das alles sauber ist, frisch unter Farbe, wie die weiß und roth,

die blauen Oxydfarben, der Ocker und Mennig in dem lachenden Sonnenschein leuchteten! (...)

Diese alten Städtchen der Unterelbe haben gerade jetzt einen besonderen Werth für uns. (...)" [12]

---

[12] Alfred Lichtwark - Reisebriefe. Teil 2, S. 225.

Peter Bussler

Das Hadler Sietland und seine ewigen Leiden.
Der Bau der Ihlienworther und Otterndorfer Schöpfwerke als Schlussstein der künstlichen Entwässerung für das Hadler Sietland

Der Beginn des Deichbaus geht vor allem auf die verheerenden Sturmfluten zurück, denen die Küstenbewohner seit Urzeiten ausgesetzt sind. Mit dem Deichbau sind gleichzeitig zahlreiche Fragen der Oberflächenentwässerung verbunden, also der Bau von Sielen, Schleusen und Schöpfwerken, denen schon immer eine wichtige Rolle zukam, um beispielsweise Unmengen überschüssigen Wassers aus dem Hadler Sietland in die Elbe abführen zu können. Deichbau und Entwässerung gingen verstärkt ab dem 12. und 13. Jahrhundert vonstatten; sie gehören bis heute untrennbar zusammen und bedingen einander.

Zunächst war ein weit verzweigtes System von Gräben erforderlich, um einerseits den Schlickboden trockenzulegen und andererseits die atmosphärischen Niederschläge möglichst rasch ableiten zu können. Je niedriger der Marschboden gelegen war, desto stärker musste das Grabennetz ausgebaut werden. Daher nimmt es nicht wunder, wenn in weiten Teilen des Hadler Sietlandes mehr als 20 Prozent der Bodenoberfläche von Gräben eingenommen werden. In der Regel münden die kleinen Gräben in größere Schaugräben, auch Wettern genannt, die schließlich das Wasser bis zum Deich und durch ein Siel während der Ebbezeit in die Elbe abführen. Bekanntlich öffnen sich Siele und Schleusen aber nur dann, wenn der Wasserspiegel zur Zeit der Ebbe niedriger als der Binnenwasserstand ist.

Beachtliche Teile der norddeutschen Marschgebiete zwischen Elbe und Weser liegen unter der Höhe einer „normalen" Flut, und erst bei Niedrigwasser liegt der Meeresspiegel tiefer als Medem und Hadler Kanal, so dass überschüssige Wassermengen aufgrund des dann entstandenen Gefälles ohne zusätzliche technische Einrichtungen wie Pump- oder Schöpfwerke abfließen können, von Fachleuten als Sielzug bezeichnet. Manche Flächen im nördlichen Elbe-Weser-Gebiet liegen jedoch auf demselben Niveau wie das Niedrigwasser, im Sietland sogar unter dieser Höhe, was bis in die Mitte des 20. Jahrhunderts regelmäßig in den Herbst-, Winter- oder Frühjahrsmonaten zu gewaltigen Überschwemmungen des Landes geführt hat. Dieser Umstand bedingte seit jeher das Vorhandensein von Deichen, die nicht zuletzt das tiefer gelegene Land vor Überschwemmungen schützen mussten; darüber hinaus musste gleichzeitig eine effiziente Entwässerung durch den Bau von Sielen und Schleusen gewährleistet sein. Da auch diese Maßnahmen auf Dauer keinen ausreichenden Schutz boten, weil große Niederschlagsmengen aus den Binnendeichgebieten nicht in die Elbe abgeführt werden konnten, war man froh, in Ihlienworth und Otterndorf am Ende der 1920er Jahre erstmals leistungsstarke Schöpfwerke in Betrieb nehmen zu können.

Diese Schöpfwerke lösten zwar nicht sofort alle Probleme, denn es kam gelegentlich immer noch zu Überschwemmungen, sie bildeten gleichwohl eine wesentliche Voraussetzung für weitere Ausbauarbeiten, die am 13. August 1952 mit dem ersten Spatenstich begannen und schließlich zur gründlichen Trockenlegung von etwa 12.000 Hektar Fläche im Sietland führen sollten.

Der in Neuenkirchen bei Otterndorf geborene erste Niedersächsische Ministerpräsident nach dem Ende des Zweiten Weltkrieges, Hinrich Wilhelm Kopf, hatte die Notwendigkeit erkannt, die nach wie vor bestehende Überschwemmungsgefahr nachhaltig zu bannen. Er hatte in seiner Kindheit persönlich erlebt, dass während der Wintermonate in vielen Bauernhöfen des Sietlandes das Wasser bis in die Wohnstuben vorgedrungen war und fester Untergrund nur mit Booten oder Holzstegen erreicht werden konnte. So wurden auf seine Veranlassung in den nachfolgenden Jahren unter Federführung des Wasserwirtschaftsamtes Stade über 50 Millionen DM verbaut, eines der bedeutendsten Entwässerungsprojekte in der Mitte des 20. Jahrhunderts überhaupt. Begleitend zu den Entwässerungsmaßnahmen jener Jahre kamen landbautechnische Versuche in den vier Poldern Neuenwalde, Flögeln, Bederkesa und Neubachenbruch hinzu.

Historisches Bildmaterial belegt, dass bis weit in das 20. Jahrhundert vor allem Orte wie Neubachenbruch, Odisheim und Steinau beträchtlich zu leiden gehabt hatten und dringlicher Dränagemaßnahmen bedurften. 1955 erfolgte der Durchstich vom Hadler Kanal zum Medem-Schöpfwerk (von 1928), denn der Hadler Kanal allein war nicht in der Lage, genügend Wasser aus dem Sietland durch seine Schleuse zu leiten. Mit dem Durchstich verbesserte sich die Situation entscheidend.

Das Schöpfwerk an der Medemschleuse in Otterndorf stellt eindrucksvoll unter Beweis, wie wichtig eine effizient betriebene Entwässerung immer war. Dieses Bauwerk bildete den Schlussstein eines Hilfswerkes für das gesamte Hadler Sietland. Die Entwässerungsfläche umfasst heutzutage rund 63.000 Hektar, wobei zu berücksichtigen ist, dass im gesamten Unterhaltungsverband Hadeln insgesamt 67 Schöpfwerke zur Verfügung stehen (Stand 2007), die im Extremfall sogar einige sehr tief gelegene Flächen, nämlich mehr als einen Meter unter Normalnull, entwässern müssen.

Seit Menschengedenken haben die Bewohner unter großer „Wassernot" leiden müssen, vornehmlich im Zuge der Überschwemmungen im Frühjahr und im Herbst. Infolge der verhältnismäßig großen Entfernung des Sietlandes vom eigentlichen Vorfluter, der Elbe, ist die künstliche Entwässerung von Anfang an in der Form gelöst worden, dass zunächst das Wasser aus unzähligen Gräben in Ihlienworth gesammelt und mit Hilfe des dort 1928 errichteten Schöpfwerkes auf eine für das Hochland erträgliche Höhe gepumpt wurde, um dann über die Medem dem Hauptschöpfwerk an der Mündung zugeführt zu werden.

Das 1928 fertiggestellte Schöpfwerk in Ihlienworth (Foto: E. Nöldeke)

Den historischen Augenblick der Inbetriebnahme des Ihlienworther Zubringerschöpfwerks erlebte das Sietland am 1. Dezember 1928. Der erste Motor wurde damals in Gang gesetzt. Die Anlage bestand aus zwei Motoren von je 175 PS Leistung. Jede der beiden von einem Motor angetriebenen Pumpen war imstande, pro Sekunde sieben Kubikmeter Wasser auf eine Hubhöhe von 1,20 m zu bringen. Bei niedrigerer

Pumphöhe (0,5 m) leistete jede Pumpe sogar acht Kubikmeter pro Sekunde, was einer maximalen täglichen Pumpleistung von knapp 1,2 Millionen Kubikmeter Wasser entsprach. [1]

Es war erforderlich, die Pumpen an der unteren Medem in Ihlienworth von Zeit zu Zeit allein deswegen in Gang zu setzen, damit das Wasser dem Schöpfwerk am Elbdeich in Otterndorf zufließen konnte, da dieses sonst zeitweise kein Wasser mehr gehabt hätte, während das Sietland noch tief im Wasser stand. Die Schwungräder der Pumpe hatten einen Durchmesser von 3,20 m. Berechnungen der damaligen Zeit zufolge, betrug die Menge des überflüssigen Wassers im Sietland rund 15 Millionen Kubikmeter (1928). Im Gegensatz zum beinahe zeitgleich errichteten Otterndorfer Schöpfwerk hatten die Pumpen in Ihlienworth kein Saugrohr. Stattdessen war eine gemauerte Spirale eingebaut worden, was den Vorteil hatte, dass die beiden senkrecht angelegten Pumpen bei den relativ geringen Pumphöhen von ca. 1 bis 1,5 m mehr Wasser aufnehmen konnten, als das bei waagerechten Wellen der Fall war.

Unmittelbar neben dem Ihlienworther Schöpfwerk hatten die Ingenieure 1928 eine drei Meter breite Kahnfahrtschleuse angelegt, die gleichzeitig dem freien Abfluss diente. Der Durchlass unter den beiden Motoren wies eine Breite von jeweils sechs Meter auf.

Das Otterndorfer Hauptschöpfwerk war in 18-monatiger Bauzeit während der Jahre 1928 und 1929 entstanden (Inbetriebnahme 1929). Es war seinerzeit die weltgrößte Anlage ihrer Art und gehört nach Meinung der Wasser- und Bodenverbände für den Raum Cuxhaven-Otterndorf-Bederkesa selbst heute noch zu den bedeutendsten und größten in Europa.

Unter Berücksichtigung der Tatsache, dass diese Anlage von 1928/29 den größten Teil des Landes Hadeln zu entwässern hatte, kann man die Kraft ermessen, die für die Bewältigung dieser Aufgabe besonders in jenen Jahren erforderlich war. Im Herbst 1929 war die Pumpe mit einem 800 PS starken Dieselmotor in Bewegung gesetzt worden, die bei kleinerer Hubhöhe bis zu 24 Kubikmeter Wasser pro Sekunde in einen Mahlbusen schöpfte, aus dem das Wasser infolge des höheren Wasserstandes durch die ebenfalls im Jahre 1928 neu erbaute Schleuse in die Elbe strömte. Wenn die Propellerpumpe das Wasser auf drei Meter Höhe pumpen musste, beispielsweise von einem Pegelstand von 1,30

---

[1] „Die Entwässerung des Hadler Sietlandes". In: Mitteilungen der Männer vom Morgenstern, Jg. 9, Heft 2, 1929, S. 17/18.

m auf 4,30 m, leistete sie rund 15 Kubikmeter pro Sekunde. Sogar noch höheres Pumpen war möglich, da der Mahlbusen auf 2,50 m Normalnull lag, was seinerzeit 5,08 m am Hadler Pegel entsprach.

Nach Berechnungen damaliger Fachleute war das Otterndorfer Schöpfwerk zu einer täglichen Pumpleistung zwischen 1,5 und 2 Millionen Kubikmeter fähig. Das Saugrohr dieser Pumpe wies einen Durchmesser von 4,5 m auf. Mit dem Bau war neben dem Schöpfwerk am Otterndorfer Deich auch eine sechs Meter breite Freischleuse entstanden, während das herangeführte Wasser durch die fünf Meter breite Deichschleuse befördert wurde, nicht zu vergessen, dass durch den sogenannten Schleusenzug auch die natürliche Entwässerung nach wie vor möglich war. Seit 1999 verfügt das Otterndorfer Schöpfwerk über zwei Elektromotoren von je 400 kW Leistung, die mit einer Schöpfleistung von maximal 24000 Litern pro Sekunde arbeiten können. [2]

Neubau der Otterndorfer Schleuse 1928/29 (Foto: E. Nöldeke)

Diese eindrucksvollen Schöpfwerke geben den Landwirten des Sietlandes bis heute die Möglichkeit, auf Tausenden von Hektaren niedrig gelegenen Ackerlandes eine geordnete Weide- und Landwirtschaft zu

---

[2] Peter Bussler: Der Bau der Ihlienworther und Otterndorfer Schöpfwerke. In: Niederdeutsches Heimatblatt Nr. 721, Januar 2010

betreiben, was in früheren Zeiten wegen der regelmäßig wiederkehrenden und lang andauernden Überschwemmungen nur eingeschränkt möglich war.

Die Gründe für die letzte Erneuerung der beiden Schleusen (1993) an Medemmündung und Schöpfwerk sind einleuchtend, war doch in den 1990er Jahren eine Deicherhöhung geplant, bei der auch die alte Backsteinschleuse bzw. der Schleusentunnel aus dem Jahre 1864 entfernt werden musste, weil sie wahrscheinlich dem höheren Druck nach einer Deicherhöhung nicht länger hätte standhalten können, obgleich sie keineswegs baufällig war.

Wollte man früher das Hadler Sietland bereisen, so hatte das vor allem in der schlechten Jahreszeit seine Tücken und war mit Gefahren verbunden, denn die Wege waren teilweise bis in die Mitte des 20. Jahrhunderts grundlos, besonders während der entbehrungsreichen Winterzeit. So nimmt es nicht wunder, dass man sich noch bis weit in das 20. Jahrhundert häufig des Wasserweges bedienen musste.

Die „Flöten" des Sietlandes als wichtige Verkehrsmittel bei Überflutungen

Zu diesem Zweck wurden als „Wasserkutschen" bezeichnete Kähne benutzt, die im Volksmund unter der Bezeichnung „Flöten" (auch „Flööt" oder „Fleuten") bekannt geworden sind. Das waren längliche, flach gebaute und in aller Regel schwarz geteerte Wasserfahrzeuge ohne Kiel, die zumeist von einer mit dem so genannten Fahrholz (auch Fährholz) ausgestatteten männlichen Person im Stehen vorwärts befördert wurden. Das Fährholz, niederdeutsch „Fohrholt", war an seinem Ende mit zwei eisernen Spitzen beschlagen, um ein sicheres Staken entlang des Ufers oder auf dem relativ flachen Grund zu gewährleisten.

Die Flöten waren in vergangenen Jahrhunderten für das gesamte Sietland nachweisbar und selbst im 19. Jahrhundert immer noch außerordentlich verbreitet, weil man bei heftigen und zumeist über Monate andauernden Überschwemmungen mit ihnen nicht nur die Nachbarhöfe, sondern auch andere Ortschaften des Sietlandes oder die Stadt Otterndorf erreichen konnte.

Der Verkehr mit Kähnen und Flöten war geradezu ein veritabler Broterwerb geworden. Lange Zeit hatten diese Wasserfahrzeuge während ihres Einsatzes auf Gräben und Wasserlösen Vorfahrt vor den Landtransporten. Alle für den Landtransport gefertigten Übergänge und ausgelegten Bohlen mussten unmittelbar nach der Überquerung wieder entfernt werden.

In alten Quellen nannte man derlei in der Binnenschifffahrt tätige Schiffseigner, die mit ihren kleinen Kähnen und sonstigen Wasserfahrzeugen ihren Lebensunterhalt verdienten, auch „Partikuliere". Sie transportierten Torfladungen, Schlachtvieh, Kartoffeln und Getreide bei jeder Jahreszeit, aber auch Personen aus dem gesamten Sietland bis nach Otterndorf. Der Überlieferung nach wurde sogar das seinerzeit als süffig bekannte Bier aus Bederkesa auf Flöten nach Otterndorf ins Zentrum am Großen Specken gebracht. Die etwas größeren Schiffe der flachen Kähne wurden auch als „Bullen" bezeichnet.

Die zum Teil weit verstreut angesiedelten Bauernhöfe verfügten fast immer über Flöten, zumal sie beinahe ausnahmslos von Wasserstraßen umgeben waren. Bisweilen bot sich auch an, die Flöten für Angelfahrten oder kleine Ausflüge zu nutzen. Nachweislich sind im Raum Ihlienworth auch Verstorbene mit den Flöten zu ihrer letzten Ruhestätte transportiert worden. Noch heute befindet sich eine an der Medem in Höhe des Ihlienworther Friedhofes bereits im Spätmittelalter angelegte „Totentreppe", an der die Flöten mit den Särgen ihrer Verstorbenen anlegten.

Bei Überschwemmungen konnten sich die Landwirte nur mit Bullen und Flöten fortbewegen (Foto: E. Nöldeke)

Anna Behrens, eine ehemalige Einwohnerin von Osterende-Otterndorf, hatte 1927 eine solche Fahrt geschildert, die sie um 1870 von Otterndorf nach Odisheim unternommen hatte, weil sie nach längerer Zeit ihre Freundin besuchen wollte, die mit dem damaligen Prediger in Odisheim verheiratet war. Sie hatte detailliert über diese Fahrt mit der Flöte wie folgt berichtet:

"Die Fahrt dahin dauerte zwei Stunden. Die ‚torfgebräunte Mäme', wie J. H. Voß schrieb, hat sehr viele Krümmungen. Um die Fahrt abzukürzen, fuhr ich mit einem Wagen nach dem Zaun, bei Neuenkirchen, wo die Medem bis an die Landstraße stößt. Bis hierher schickte mir der Herr Pastor eine ‚Flöten' entgegen. Das Schiff war gut mit Stroh ausgepolstert, ein großer Fußsack mit Wärmflasche und ein warmer Mantel zum Zudecken bei etwaigem Regenwetter vervollständigten die Ausrüstung. Einen Schirm konnte man, der vielen Brücken halber, nicht aufspannen. War eine derselben besonders niedrig, so ermahnte mich mein Fährmann: ‚Hier mutt Se sick bucken, ans stött Se sick!' – Er selbst nahm eine hockende Stellung ein, gab der Flöten noch einen tüchtigen Stoß, und wir hatten die Brücke hinter uns. Bei heftigem Regen färbte der als Regenschirm dienende Mantel zuweilen etwas ab, und man war geschminkt – freilich in etwas anderer Art, als die heutige Mode vorschreibt. Die Medem wurde nach etwa zweistündiger Fahrt verlassen, und wir bogen in große Gräben ein. Nach dreistündiger Fahrt landeten wir vor der Küchentür des gastlichen Pfarrhauses.

Der Herr Pastor stand schon zum Empfang bereit und war bei dem etwas schwierigen Aussteigen behülflich. Nun verlebten wir schöne Wochen, spielten Schach und musizierten und hatten uns viel zu erzählen. Als ‚Trosteinsamkeit' wurde man noch besonders angefeiert! Zwei Mal in der Woche kam aus Otterndorf ein Bote mit Briefen; Er wurde weidlich ausgefragt nach Ereignissen in der ‚Großstadt Otterndorf'.

Die Rückreise erfolgte auf dieselbe Weise. War das Wetter sehr stürmisch, so mußten zwei Fahrer das Schiff begleiten, um es vom Ufer abzuhalten und das Kentern zu verhüten. Bei harten Wintern und guten Eisverhältnissen wurde die Reise auch mit Handschlitten ausgeführt. In der Jetztzeit, 1927, machen die Landstraßen und vielen Schlackenwege die Wasserfahrten überflüssig für Reisende. Autos und Kraftposten vermitteln den Verkehr durch das Sietland und nach der Eisenbahnstation Wesermünde." [3]

Seltene historische Fotos aus den 1920er und 1930er Jahren des bedeutenden Otterndorfer Fotografen Ernst Nöldeke beweisen, dass bei Überschwemmungen im Sietland die hier von Anna Behrens so eindrucksvoll beschriebenen „Flöten" immer noch Verwendung fanden, sobald gewaltige Ländereien überflutet waren und diese kleinen Fahrzeuge mitunter die einzige Möglichkeit boten, trockenen Fußes die

---

[3] Anna Behrens: Reisen im Lande Hadeln vor 60 bis 70 Jahren. In: Mitteilungen der Männer vom Morgenstern, Jg. 8, 1928, Heft 2, S. 10

höher gelegene Landstraße zu erreichen, weil eventuell keine hochrädrigen Kutschen zur Verfügung standen.

Besonders schwierig war es bekanntlich, das Sietland im Winter zu besuchen, denn die Wege waren „grundlos", darüber hinaus nur wenige Verbindungsstraßen vorhanden. Also bediente man sich auch in der unwirtlichen Jahreszeit besser des Wasserweges und benutzte dazu eine der „Wasserkutschen".

Nach 900-jähriger Deichbau- und Entwässerungsgeschichte leiden die landwirtschaftlich genutzten Marschgebiete im Niederelberaum schon etliche Jahrzehnte nicht mehr in dem Maße unter den Überschwemmungen wie in der Vergangenheit, da die binnendeichs siedelnden Menschen von den über Jahrhunderte gemachten Erfahrungen auf dem Gebiet der Entwässerung profitieren.

Kontinuierliche technische Innovationen haben bis in die jüngste Zeit entscheidende Verbesserungen für das Sietland bewirkt. So wird seit 1996 das alte Diesel-Schöpfwerk mit seiner gewaltigen Turbine elektrisch betrieben, um das Wasser aus den beiden Flussläufen Medem und Hadler Kanal (erbaut in den Jahren 1853/54) in die Elbe zu leiten. Ein zweites bereits 1953 errichtetes Schöpfwerk, ebenfalls elektrisch angetrieben, hält die Medem auf ihrem Durchschnittsniveau von 1,20 m unter NN.

Wie groß jedoch die Leiden der Landbevölkerung noch vor 85 bis 90 Jahren waren, beweisen die eindrucksvollen und seltenen historischen Fotos des überschwemmten Sietlandes aus dem Nachlass des bekannten Otterndorfer Lichtbildners Ernst Nöldeke.

Das überschwemmte Hadelner Sietland (Foto: E. Nöldeke)

Fotos des Lichtbildners Ernst Nöldeke berichten von der schlimmsten Missernte im Sietland - Die Landwirtschaft in Hadeln befand sich 1931 am „Grabe ihrer Erntehoffnungen".

Wir entdecken überschwemmte Felder, auf denen sich Kinder nur noch mit den damals typischen Flöten von Hof zu Hof fortbewegen können. Keine Landwirtsfamilie war in der Lage, ihren Bauernhof zu Fuß zu verlassen, und die aus den Fluten ragende Kohlköpfe sowie verfaulendes Kartoffelkraut signalisieren, dass diesen Bildern ein schreckliches Naturereignis zugrunde gelegen haben muss.

Bei intensiver Nachforschung stößt man tatsächlich auf einen schauerlichen Bericht in der Nordhannoverschen Landeszeitung, Kreisblatt für den Kreis Hadeln, Ausgabe Nr. 82 vom 14. Juli 1931, der Auskunft gibt über die Tragödie, die Nöldeke so meisterlich im Bild festgehalten hatte. [4]

---

[4] „Die Hadler Landwirtschaft am Grabe ihrer Erntehoffnungen. Besichtigungsfahrt durch das Land Hadeln." In: Nordhannoversche Landeszeitung, Kreisblatt für den Kreis Hadeln, Ausgabe Nr. 82 vom 14. Juli 1931

P. Bussler: Das Hadler Sietland und seine ewigen Leiden

Im gesamten Gebiet der Niederelbe hatte um den 7./8. Juli ein schweres Unwetter gewütet, das besonders in Hadeln derartige Schäden angerichtet hatte, dass die Landwirtschaft um ihre gesamte Ernte gebracht worden war. Nur wer sich persönlich einen Überblick verschafft hatte, konnte sich gleichzeitig ein Bild von der ungeheuren Not machen, die den ohnehin um ihre Existenz kämpfenden Landwirten durch die schweren Niederschläge aufgebürdet worden war.

Dabei hatte alles so hoffnungsvoll begonnen, denn noch kurz zuvor durfte entsprechend dem Stand der Früchte auf eine durchaus erfreuliche Ernte gehofft werde, wodurch zumindest einige Höfe ein Teil ihrer Schulden hätten abtragen können. Da inzwischen auch die meisten landwirtschaftlichen Reserven aufgebraucht waren, mit denen man früher eine nur mäßige Ernte stets hatte überwinden können, traf es die Bauern des Sietlandes nun besonders hart. Die Notlage hatte sich buchstäblich über Nacht dermaßen zugespitzt, dass der damalige Landrat Hinrich Wilhelm Kopf am 17. Juli zu einer ausgiebigen Flurbereisung eingeladen hatte. Alle maßgeblichen und in der Verantwortung stehenden Herren waren an der Bereisung und Schadensaufnahme beteiligt. Dazu gehörten sechs Schultheißen des betroffenen Gebietes, außerdem der damalige Regierungsrat Heithecker vom Finanzamt Otterndorf, Mitglieder des Kreisausschusses, mehrere Landschöpfen, Hofpächter und die Vorsitzenden des Landwirtschaftlichen Vereins des Landes Hadeln sowie des Kreislandbundes Hadeln. Ebenso waren der Kulturbaumeister Rosse (Otterndorf) und zahlreiche Redakteure der Presse aus Otterndorf, Cuxhaven, Neuhaus und Stade der Einladung gefolgt, die unter der Leitung von H. W. Kopf ihre Bereisung zunächst auf dem Hof von Albert Oest bei der Nackenbütteler Wasserlöse in Otterndorf-Ost begonnen hatten, wo man auf das eigenartige Phänomen stieß, dass dort das Wasser überhaupt nicht abfließen wollte, obgleich die dortige Wasserlöse der Medem am nächsten lag. Die Pferdegespanne standen bis zur Achse im trüben Wasser, und selbst im Hochland musste das Vieh teilweise im Stall aufgestellt werden. Das hatte es noch nie gegeben, denn selbst in der bis dahin nachweislich schlimmsten Überschwemmungskatastrophe des Jahres 1888 war der Wasserstand nicht so hoch gewesen wie diesmal, dazu in einer meteorologisch eigentlich günstigen Jahreszeit.

Nun jedoch standen Kartoffeln und Gemüse unter Wasser und verfaulten. Ein ähnliche Bild zeigte sich auf den Nachbarhöfen, wo sämtliches Korn niedergewalzt war. In Otterndorf-West schließlich der Anblick der vielen verdorbenen Hackfrüchte. Ein Bild des Jammers offenbarte sich dem Auge, denn Sturm und Wasser hatten ganze Arbeit geleistet. Vom Blink in Otterndorf ging die Reise nach Altenbruch, Westerende-Altenbruch und schließlich Lüdingworth, wo unter Führung von Schultheiß Crohn, Landschöpf a.D. Rose aus Nordleda und Landschöpf Maaß die Ländereien beim Westerdeich inspiziert wurden. Das Gebiet zu beiden Seiten der Grenze zwischen Seehausen und Süderende-Lüdingworth stand ebenfalls unter Wasser.

Weiter führte die Reise über Nordleda nach Wanna und Süderwanna, wo Schultheiß tom Suden auf die vom Ahlen kommenden Wassermassen aufmerksam machte, die enorme Schäden an den Straßen und Wegen verursacht hatten, vornehmlich dann zwischen Süderleda und Wester-Ihlienworth. Nur mit großer Mühe und einer gehörigen Portion Angst konnte die aus fünf Autos bestehende Kraftwagenkolonne den etwa zehn Kilometer langen Schlackeweg überwinden. In Steinau schließlich angekommen, registrierte man rechts des Mühedeicher Schutzdeiches eine Fläche von 1500 Hektar Nutzfläche völlig vom Wasser überdeckt, während südlich der früheren Kanalbrücke bei Borchers beinahe das Land komplett unter tiefem Wasser versunken war.

Gehöfte spiegelten sich 1931 in den Fluten (Foto: E. Nöldeke)

Hinsichtlich der Schadensaufnahme mussten auch jene Schäden berücksichtigt werden, die durch den weggeschwemmten Kunstdünger entstanden waren. Am schlimmsten jedoch waren die Schäden im Hadler Hochland, wo Wind und Wassermassen das hochwertige Getreide vernichtet hatten. Besonders tragisch war, dass die Landwirte im Sietland fest daran geglaubt hatten, dass man nach dem Einbau des neuen Schöpfwerks und der Installation diverser Pumpwerke im Sietland und aufgrund der starken Leistungen des Elbschöpfwerks der alljährlichen Überflutung nunmehr Herr geworden sei. Auf die Sicherheit der Technik vertrauend, hatten etliche landwirtschaftliche Betriebe ihre Ackerwirtschaft umgestellt und in beachtlichem Maße ebenfalls Kunstdünger eingesetzt, darüber hinaus Körneranbau und Weidewirtschaft modifiziert. Doch jetzt war innerhalb von gut zwei Tagen alles zunichte gemacht. Dabei war die Beseitigung der Schäden noch gar nicht einkalkuliert, zum Beispiel das großflächige Abräumen der vernichteten Früchte. Zu bedenken war auch, dass aufgrund der regenreichen und stürmischen Tage das Nutzvieh erhebliche Gewichtsverluste erlitten hatte, die doch in der nachfolgenden Zeit nicht im Wasser stehen und grasen konnten, sondern größtenteils aufgestallt werden mussten.

Zum Schluss ging es noch auf vier Ackerwagen nach Neubachenbruch, wo sich die ganze Misere auf besonders schlimme Weise offenbarte. Von Stinstedt, Lamstedt und Armstorf waren enorme Wassermengen herangeführt worden, so dass nicht mehr als maximal fünf Hektar Land frei geblieben waren. Bis zur Halmspitze stand der Hafer unter Wasser, die Heuernte trieb durch den Kanal Richtung Otterndorf, und Trinkwasser war nicht mehr vorrätig. Das Rindvieh stand bis zum Bauch im Wasser und schrie erbärmlich, weil es ins Trockene wollte. Die Heudiemen ragten nur noch einige Zentimeter aus den Fluten. Jegliche Hoffnung auf eine frühe Kartoffelernte war zerstoben, stattdessen war man gezwungen, sich für den eigenen Haushalt selber Kartoffeln zu besorgen. Auch wenn das Wasser nach einigen Tagen wieder ablaufen sollte, so würde die heiße Julisonne gleichwohl alle Garten- und Feldfrüchte zum Verfaulen bringen. So gehörte der Bereich um Neubachenbruch zu dem mit Abstand trostlosesten Teil des Sietlandes, denn alle Arbeit, aller Fleiß und finanzieller Einsatz waren vergeblich gewesen. Auf den Feldern standen vom Wasser bedeckte Mähmaschinen, und mit dem Schiff fuhr man zum Melken. Neubachenbruch, Altbachenbruch und die Region beim Mühedeich zeigten sich mit dem vom Wasser abgeschnittenen Bauernhäusern geradezu gespenstisch.

In Dörringworth endete die Flurbereisung. Nun gaben alle Beteiligten ihrer Hoffnung Ausdruck, dass die Preußische Staatsregierung für die Erhaltung des Kulturbodens eine entsprechende Summe Geldes bereitstellen würde, das eigentlich für die Moorkultivierung eingeplant war.

Dank der fotografischen Dokumentation Ernst Nöldekes können wir heute nachvollziehen, wie erschreckend und erschütternd der Anblick des überschwemmten Sietlandes für die gebeutelten Landwirte gewesen sein muss, ein Anblick, der tatsächlich kaum mit Worten, sondern am besten mit dessen Fotozeugnissen zu beschreiben ist.

Dirk Mathias Dalberg

Die Bedeutung der politischen Kultur in der Flüchtlingskrise. Das Beispiel Slowakei

Im Jahr 2015 versuchten hunderttausende Menschen aus Kriegs- und Krisengebieten in Asien und Afrika nach Europa zu gelangen. Während in Deutschland und Österreich innerhalb einiger Monate das Schicksal der geflüchteten Menschen im Vordergrund der politischen und gesellschaftlichen Debatte stand, dominierte in Ostmitteleuropa von Beginn an die Angst vor Überfremdung und Widerstand gegen die Aufnahme von Flüchtlingen die öffentliche Meinung.

In der Slowakei sprachen sich meinungsbildende Medien, wie die Tageszeitungen SME, Denník N, Pravda, die Wochenzeitung Týždeň sowie der öffentlich-rechtliche Rundfunk RTVS zuvor jedoch lange Zeit für die Aufnahme von Flüchtlingen aus und äußerten Kritik an der harten Haltung des damaligen von Ministerpräsident Robert Fico (SMER-SD - Richtung-Sozialdemokratie). Diese Haltung gegenüber Fico wurde auch von Parteien auf der rechten Seite des Parteienspektrums (Sieť, KDH, OĽaNO, Most-Híd) vertreten (Obšitnik 2016). Anzumerken ist hier jedoch, dass Fico der Aufnahme von Flüchtlingen aus der Ukraine sowie Flüchtlingen christlichen Glaubens aufgeschlossen gegenüberstand. Allerdings sprach er sich gegen die Aufnahme von muslimischen Flüchtlingen aus (DLF 2015).

Als im August und September 2015 die Anzahl von Flüchtlingen in Europa sprungartig anstieg, veröffentlichte die Europäische Kommission am 14. September 2015 einen Vorschlag, der eine Verteilung von bis zu 160.000 Flüchtlingen aus Notunterkünften in Griechenland, Italien und Ungarn zum Ziel hatte (Trauner 2016, S. 102).[1] Der „Rat für Justiz und Inneres" beschloss am 21. September 2015 diese Quoten mit der Mehrheit seiner Mitglieder (Rat 2015). Gegen den Vorschlag stimmten die Innenminister der Tschechischen Republik, der Slowakei, Ungarns und Rumäniens. Finnland enthielt sich der Stimme (Sosonovska 2016, S.15). Die von Robert Fico geführte slowakische Regierung reichte am 2. Dezember 2015 beim Europäischen Gerichtshof Klage gegen die

---

[1] Die Slowakei sollte 902 Flüchtlinge aufnehmen (Medienservicestelle 2016)

verbindlichen Flüchtlingsquoten ein.[2] Sie vertrat die Position, dass bei der Entscheidung im Rat für Justiz und Inneres der EU gegen den Vertrag über die Arbeitsweise der Europäischen Union verstoßen worden sei. Zudem hätte der Rat, da er mit dem Beschluss den vorliegenden Vorschlag der Kommission änderte, nur einstimmig entscheiden können (Amtsblatt EU 2016, S.41-43). Die Quoten nannte Fico (2015b) ein „Diktat" und erklärte, die Souveränität der betroffenen Staaten sei verletzt, *„wenn irgendwer von außen einfach vorschreibt, wie viele Flüchtlinge sie aufnehmen müssen [...] Dies ist eine Entscheidung, die eine ernste politische Diskussion erfordert. Zumindest mit uns hat niemand darüber gesprochen"* (Fico 2015a). Luboš Blaha (SMER-SD), Vorsitzender des Ausschusses für Europäische Angelegenheiten im slowakischen Nationalrat setzte die Politik der EU mit jener der Sowjetunion unter Leonid Breschnew gleich: *„Einige westliche Politiker vergaßen sich offensichtlich und hörten auf, im ideologischen Jargon über die Europäische Union zu sprechen, dem zufolge es in Europa um Gleichheit, Diskussion und Demokratie geht. Sie warfen die ideologischen Floskeln über Bord und gingen direkt zum Kern der Sache über: Wenn du nicht so springst, wie wir wollen, dann bestrafen wir dich. Wir sind mächtiger, wir sind reicher, wir sind stärker. Ordnet euch unter, sonst werdet ihr sehen [...] Wenn sich irgendwer auflehnt, zögern die Großmächte nicht, ihre ökonomische und politische Vormachtstellung zu einer neokolonialen Erpressung kleiner und schwächerer Staaten zu nutzen. Wunderbar! Ich bin mir sicher, dass wir alle danach strebten, in einer solchen europäischen Familie zu leben: Auf alle Zeiten und nie mehr anders! Onkel Breschnew hätte dies sicher gefallen"* (Blaha 2015).

Die für März 2016 angesetzten Parlamentswahlen führten zu einer Veränderung der kritischen Haltung der Opposition gegenüber Fico. Die seit 2012 allein regierende sozialdemokratische SMER-SD machte die Flüchtlinge zum Hauptthema des Wahlkampfs. Hierbei vertrat sie nationalpopulistische und migrationskritische Standpunkte, die von anderen Parteien aufgegriffen wurden (Vlčej 2016, S.168-170; Rogalska 2016, S.45). Die neoliberale Partei SaS (Sloboda a Solidarita, Freiheit und Solidarität) vertrat die Ansicht, dass die einzelnen EU-Mitgliedstaaten souverän darüber entscheiden können sollten, wer Asyl in ihrem Land erhält. Die Partei sprach sich für die solidarische und gemeinsame Finanzierung der europäischen Grenzsicherung sowie Einrichtung zentraler Flüchtlingslager außerhalb der EU (in Nordafrika,

---

[2] Die Klage wurde Anfang September 2017 in vollem Umfang zurückgewiesen (FAZ 2017).

auf dem Balkan und in der Türkei) aus (DLF 2015, SaS 2016). Die konservative Partei OĽaNO (Obyčajní ľudia a nezávislé osobnosti, Gewöhnliche Menschen und unabhängige Persönlichkeiten) wollte ebenso Auffanglagerlager außerhalb des Schengenraumes errichten (OLaNO 2016, S.26). Die katholisch-konservative und wirtschaftsliberale KDH (Kresťanskodemokratické hnutie, Christlich-Demokratische Bewegung) fordert gemeinsame Kontrollen der Schengengrenzen und die Bekämpfung illegaler Schleusungen (KDH 2016, S.76). Konkret gegen die verbindlichen Flüchtlingsquoten sprach sich die Partei Sme-Rodina – Boris Kollár (Wir sind eine Familie – Boris Kollár) (Sme-Rodina 2016, S.5) aus. Die rechtsradikale ĽSNS (Ľudová strana – Naše Slovensko, Volkspartei-Unsere Slowakei) führte aus, alle Immigranten, die die EU der Slowakei aufzwingt, ausweisen zu wollen (ĽSNS, 2016, S.2).

Diese Haltungen hinsichtlich der verbindlichen Flüchtlingsquoten im Allgemeinen und der (muslimischen) Flüchtlinge im Besondern wurden zu dieser Zeit von der Bevölkerung des Landes mehrheitlich unterstützt. In einer im September 2015 durchgeführten Umfrage lehnten zwei Drittel aller Befragten die Einführung der verbindlichen Quoten ab. Jeder vierte lehnte zudem Hilfe für Flüchtlinge grundsätzlich ab (Pluska 2015a; Webnoviny 2015).

Als tiefere Ursache für die Haltung der slowakischen Politik und auch der Bevölkerung können historische Erfahrungen der slowakischen Nation im 19. und 20. Jahrhundert sowie teilweise noch weiter zurückliegende Ereignisse gesehen werden. Diese sind zu wirksamen Autostereotypen und Elementen einer spezifischen politischen Kultur geworden.

Das Konzept der politischen Kultur

Der deutsche Politikwissenschaftler Karl Rohe (1996, S.1) versteht unter politischer Kultur Grundannahmen über die politische Welt und damit verknüpfte operative Ideen. Rohe zufolge setzt sich eine politische Kultur aus zwei Elementen zusammen, der politischen Soziokultur und der politischen Deutungskultur. Aus alltäglichen und undiskutierten Selbstverständlichkeiten bestehend, ist die politische Soziokultur die Resultante überlieferter Traditionen und eine Art kollektives Gedächtnis einer politischen Gesellschaft. Sie ist etwas Überindividuelles und liegt wie die Sprache bereits vor. Die Menschen werden in sie „hineingeboren" und „hineinsozialisiert". Die politische Soziokultur ist so fundamental, dass sie den jeweiligen Trägern meistens nicht bewusst ist. Sie stellt eine implizite Handlungsanleitung dar und markiert den Modus von politisch-kultureller Normalität (Dörner 2003, S.604). Die politische Soziokultur stellt eine Art ungeschriebener Verfassung dar, die das Handeln von politischen Akteuren in bestimmte Bahnen lenkt und andere Handlungsmöglichkeiten ausblendet (Rohe 1996, S.4,11). Soll die Soziokultur einer Gesellschaft überleben, so muss sie permanent aktualisiert und symbolisch erneuert werden. Dies leistet die politische Deutungskultur. Inszeniert und verwaltet wird sie von Menschen, die nur bedingt an der Soziokultur teilhaben und diese bewusst wahrnehmen. Inhalt der politischen Deutungskultur sind Angebote von Politikern und/oder Intellektuellen, wie die Gesellschaft verändert oder auch erhalten werden kann. Als Ausdruck der kulturellen und politischen Diskussion einer Gesellschaft thematisiert die politische Deutungskultur erstens die bestehende Soziokultur und beraubt sie gelegentlich ihrer Selbstverständlichkeit. Zweitens soll sie neue kulturelle Selbstverständlichkeiten schaffen.

Sind die Träger der Deutungskultur mit ihren Angeboten erfolgreich, so wandern diese aus der Deutungskultur in die Soziokultur, wo sie für eine gewisse Zeit fraglos hingenommen werden (können). Es gibt jedoch keine Gewähr, dass sie dort dauerhaft verbleiben (Rohe 1996, S.9-10). Geht das Deutungsangebot „an den Dispositionen, Erwartungen und Bedürfnissen der Menschen" vorbei und finden sich die Empfänger in den Deutungsangeboten nicht wieder, wird es vergessen (Dörner 2003, S.605). Die Einflussmöglichkeiten von politischen Deutungsangeboten sind durch historische Traditionen und stabile kulturelle Muster der politischen Soziokultur beschränkt. Zwischen diesen beiden Elementen besteht entsprechend ein spannungsreiches Austauschverhältnis. Neuinstallierte politische Systeme müssen, um erfolgreich zu sein, einen Wandel der politischen Kultur in der Bevölkerung bewirken. Oder sie müssen in der Lage sein, vor den überkommenen Beurteilungsmaßstäben zu bestehen. In entgegengesetzter Richtung ist bei etablierten Regimen eine Erosion der bisherigen Legitimationsgrundlagen möglich, wenn es ihnen nicht gelingt, sich an neue, in der Gesellschaft durchsetzende politische und kulturelle Beurteilungsmaßstäbe anzupassen (Rohe 1996, S. 13).

Die Flüchtlingsquoten sind ein politisches Deutungsangebot der EU an die slowakische Bevölkerung und ihre Politiker. Die Programme der slowakischen politischen Parteien und die Aussagen der slowakischen Politiker sind ebenso Deutungsangebote an die slowakische Bevölkerung. Wie die Forderungen der EU treffen auch sie auf die slowakische

Soziokultur. Anders als das EU-Deutungsangebot können diese Deutungsangebote vor der slowakischen Soziokultur bestehen.

Die Furcht vor asymmetrischen Beziehungen

Fico und Blaha fassen die von der EU geforderten Quoten als Eingriff in die nationale und staatliche Souveränität und als Diktat auf. Ihre Aussagen verdeutlichen ebenso eine Angst vor einem Zentralismus der EU, vor asymmetrischen Beziehungen sowie vor einer Bevormundung der Slowakei. Überdies veranschaulichen sie die Befürchtung, dass die Slowakei zu einer Kolonie stärkerer EU-Mitgliedstaaten herabgestuft werden könnte.

Die Slowaken konstituierten sich in der zweiten Hälfte des 19. Jahrhunderts als selbstständige Nation, bis Ende des 20. Jahrhunderts lebten sie in multinationalen Staaten (Krekovičová 2007, S.127; Zemko 2007, S. 189). Abgesehen von der kurzen Episode des Slowakischen Staates (1939-1945), gibt es erst seit dem 1. Januar 1993 einen selbstständigen slowakischen Staat.

Die slowakische Nation stellt sich selbst oft als eine kleine plebejische bzw. bäuerliche Nation dar (Krekovičová 2013, S.86; Novosad 2007, S.142; Kamenec 2007, S.122, Škvarna 2007, S.255, Krekovičová 2007, S.127; Kružliak 1982, S.6-8). Dieses sich im gesellschaftlichen Bewusstsein widerspiegelnde Gefühl der Kleinheit gründet sich auf Grenzverschiebungen, die Erfahrungen in der österreichisch-ungarischen Doppelmonarchie sowie der Tschechoslowakei, im 2. Weltkrieg und den Einfluss des Kommunismus in den Jahren von 1948 bis 1989 (Lukáč 2007, S.339). Im 19. Jahrhundert kämpfte die slowakische Nation mit einem ungarischen unitaristischen Zentralismus. Nach dem Auseinanderbrechen der Doppelmonarchie und der Gründung der Tschechoslowakei im Jahre 1918 wandelt sich das Bild des Unterdrückers. An die Stelle des ungarischen Magnaten trat in den Augen der slowakischen Öffentlichkeit der „gottlose Tscheche". In ihrer nationalen Selbstwahrnehmung hatte die Slowakei nun mit einem tschechischen Zentralismus zu kämpfen (Chmel 1997, S.9). In den 1920er Jahren kam die Metapher auf, dass die Slowakei eine „tschechische Kolonie" sei (Krivý/Mannová 2013, S.79). Sie gründete sich auf die Tatsache, dass die Slowakei in der tschechoslowakischen Verfassung von 1920 zu einer bloßen Verwaltungseinheit herabgestuft wurde (Bystrický 2007, S.51). Diese Argumentation ist auch während des Slowakischen Staates (1939-1945) nachweisbar. Dieser galt als deutsche Kolonie (Krivý/Mannová 2013, S.79). In der zweiten Hälfte des 20. Jahrhunderts stellte die Tschechoslowakei in gewisser Weise eine Kolonie der Sowjetunion dar. Diese Zeit stellte für die Slowaken im Grunde eine doppelte Hegemonieerfahrung dar: die untergeordnete Stellung der Slowakei im Rahmen der Tschechoslowakei, die wiederum eine untergeordnete Stellung im Ostblock innehatte und seit August 1968 von sowjetischen Truppen besetzt war.

Zusammengefasst machte die slowakische Nation mehrfach Erfahrungen mit Modellen einseitiger Beziehungen, mit der Dominanz einer Nation und den Machtambitionen größerer Staaten und Nationen. Diese, in der Soziokultur kodierten Erfahrungen prägten sich zu dem slowakischen Autostereotyp aus, eine unterdrückte und bedrohte Nation zu sein, die sich gegenüber größeren und stärkeren Nationen verteidigen müsse (Škvarna 2007, S.257-259). Der Kampf um das Überleben der slowakischen Nation und die Bewahrung der nationalen Substanz gilt seit dem 19. Jahrhundert als Leitmotiv ihrer Geschichte (Lipták 2013, S.239-240).[3]

Eng verbunden mit diesen Erfahrungen ist das auf Ľudovit Štúr (1848, S.313) zurückgehende, Autorstereotyp der tausendjährigen Knechtschaft. Die Slowaken betrachten sich als eine unterjochte Nation (Kamenec 2007, S.123). Dieses Selbstbild hat eine starke symbolische Bedeutung. Es ist der verbalisierte Ausdruck des Gefühls der Bedrohung der slowakischen Nation durch größere und stärkere Nationen (Findor 2013, S.72-73). Auf dem Autostereotyp der systematischen Bedrohung der slowakischen Nation, baut die von Robert Fico und Luboš Blaha aufgegriffene Vorstellung auf, dass andere, mächtigere Nationen „ohne uns über uns" entscheiden (Schöpflin 2003). Wie tief dieses Gefühl verwurzelt ist, verdeutlicht die Präambel der slowakischen Verfassung: *„Wir, das slowakische Volk, in Erinnerung an das politische und kulturelle Erbe unserer Vorfahren und an die jahrhundertelangen Erfahrungen aus den Kämpfen um die nationale Existenz und die eigene Staatlichkeit […] ausgehend vom natürlichen Recht der Völker auf Selbstbestimmung"* (Verfassung 1992, S.1).

Auf Grund der Erfahrungen mit asymmetrischen Beziehungen reagiert die slowakische Bevölkerung und deren politische Repräsentation empfindlich auf die Einschränkung ihrer staatlichen Souveränität durch die EU. Ihr Bestreben, gegen den Willen der Slowakei verbindli-

---

[3] In der Gegenwart wird es von der Slowakischen Nationalpartei aufgegriffen (SNS 2013)

che Quoten durchzusetzen ist aus deren Sicht Ausdruck asymmetrischer Beziehungen. Im 21. Jahrhundert wäre die Slowakei einer Superiorität der EU bzw. ihrer führenden Staaten ausgesetzt. Im sozialen Verband der Slowakei ist dies ein Tabu.

Der Traum von Gleichberechtigung und Gleichwertigkeit

Obgleich die verpflichtenden Quoten als Bevormundung der Slowakei wahrgenommen werden, sind das dortige langfristige Bild und die Wahrnehmung der EU positiv. Außer der ĽSNS gibt es keine Partei, die die EU verlassen möchte (Spáč 2016, S.179). Diese wird als der natürliche Raum für die Entwicklung der Slowakei betrachtet (Novosád 2007, S.140, Programmerklärung 2016). Die Mitgliedschaft in der EU war seit 1993 ein erklärtes Ziel der slowakischen Außen- und Sicherheitspolitik. Der Beitritt zu ihr im Jahre 2004 fand in der Bevölkerung eine große Unterstützung. Diese gründet sich auf die historischen Erfahrungen des Landes. Nach der Niederschlagung des Prager Frühlings im August 1968 wurde die damalige Europäische Gemeinschaft in den 1970er und 1980er Jahren in der Tschechoslowakei als Symbol der Freiheit sowie des wirtschaftlichen Wohlstands betrachtet. Der demokratisch und marktwirtschaftlich organisierte Westen wirkte als positiver Gegenpol zur kommunistischen Ideologie und Planwirtschaft (Handl 2007, S. 473; Lešková 2006, S.33). Die Mitgliedschaft in der EU wurde ferner als Teil des nationalen Emanzipationsprozesses von der tschechischen sowie sowjetischen Hegemonie angesehen (Schöpflin 2003). Sie stellt im slowakischen Selbstverständnis die Vollendung des Nationenbildungsprozesses dar, die „Anerkennung der slowakischen Nation als selbstständiges kulturell-politisches Ganzes" bzw. als „erwachsenes" und zugleich gleichberechtigtes Land (Novosad 2007, S.141; Batora 2007, S.362).

Deutlich wird dies an den 1991 gemachten Aussagen des ehemaligen Vorsitzenden der SNS (Slovenská Národná Strana. Slowakische Nationalpartei), Jozef Prokeš: *„Auch sollten wir unter einem integrierten Europa ein kooperatives Europa verstehen, nicht ein Ein-Staat-Europa. Ein integriertes Europa wird nur dann Bestand haben, wenn alle darin lebenden Nationen gleiche Rechte und Pflichten haben"* (zit. Kirschbaum 1994, S.127). Gleichberechtigung allein ist im slowakischen Selbstverständnis indes nicht ausreichend, zumal diese auf Grundlage der europäischen Verträge formal garantiert ist. Dem ehemaligen slowakischen Premier Jan Čarnogurský zufolge geht es um Gleichwertigkeit: *„Es ist meine Vorstellung, dass wir als gleichwertig gelten […]. Gleichwertigkeit ist auch eine Frage des*

Protokolls, sodass wir in den zwischenstaatlichen Beziehungen ein Subjekt sein können"(zit. Kirschbaum 1994, S.126). Diesen Wunsch formulierte Vladimír Mečiar im Jahre 1996 wie folgt: *"Wir wollen zwar in Europa integriert werden, was jedoch nicht zugleich bedeutet, dass wir mit dem Westen in allen Fragen übereinstimmen werden"* (zit. Samson 1999, S.24). Diese Argumentation ist heute von Bedeutung. Die Zugehörigkeit zur EU bedeutet im slowakischen Selbstverständnis primär die Anerkennung als gleichberechtigtes und gleichwertiges Mitglied und Partner im freien und demokratischen Europa (Schöpflin 2003). Dies heißt, dass sich die Slowakei in der EU ein wesentliches Maß an nationaler und staatlicher Souveränität bewahren will (Programmerklärung 2016). Das Land akzeptiert Elemente der Integration, pflegt jedoch zugleich eine gewisse Zurückhaltung hinsichtlich der Entwicklung supranationaler Elemente (Handl 2007, S.473, 477; Novosad 2007, S.142). Souveränität bedeutet nicht, einen eigenen Staat zu haben, sondern nationale Autonomie, gleichberechtigte Teilhabe und dies gerade in größeren politischen Einheiten (Ferenčuhová 207, S.175; Novosad 2007, S.140).[4]

Die in der Bevölkerung wie auch der Politik verbreitete Vorstellung bzw. der Wunsch, ein gleichberechtigtes und gleichwertiges Mitglied der EU zu sein, d.h. in einem größeren politischen Gebilde, ist Bestandteil der slowakischen Soziokultur, die sich seit der Mitte des 19. Jahrhundert herauskristallisiert hat. Bereits in den „Forderungen der slowakischen Nation" vom 10. Mai 1848 wird die nationale Gleichstellung gefordert und jegliche Herrschaft einer Nation über eine andere zurückgewiesen (Forderungen 1848). Wiederholt werden sie im „Memorandum der slowakischen Nation", das am 6. und 7. Juni 1868 angenommen wurde. Ziel dieses Dokuments war die Erringung kultureller Autonomie für die Slowaken im ungarischen Staatsverband (Memorandum 1868). Auch die Neue Schule (1868) hing diesem Denken an. Für sie hatte der ungarische Staat die Aufgabe, die unterschiedlichen Bedürfnisse der nationalen Gesellschaften in Ungarn zu berücksichtigen, zu respektieren und sicherzustellen. Politische und kulturelle Hegemonie der ungarischen Nation lehnte die Neue Schule ebenso ab wie die Zentralisation der ungarischen Reichshälfte. In einer konstitutionellen Monarchie sollten die Slowaken kulturell und politisch gleichberechtigte Bürger sein (Martinkovič 2013, S.122-128). Während des 1.

---

[4] Deutlich wird ein zwei Ebenen umfassender Souveränitätsbegriff: die Souveränität der Nation (zvrchovanosť) sowie die Souveränität des Staates (suverénita) im Sinne des Völkerrechts (Kirschbaum 1994, S.124).

Weltkriegs trat dieses Denken im Zusammenhang mit den Plänen hervor, einen Staat mit den benachbarten Tschechen zu bilden. Der Vertrag von Cleveland vom Oktober 1915 sah eine Föderation des tschechischen und slowakischen Volkes mit einer vollen Autonomie für die Slowakei vor (Cleveland 1915, S.445). Im slowakischen Verständnis hieß dies Selbstverwaltung und Gleichstellung der beiden Nationen (Ďurovič 2007, S.37). Da die tschechoslowakische Verfassung von 1920 die Slowakei zu einem bloßen Verwaltungsbezirk herabstufte, forderte Andrej Hlinka, die Leitfigur der slowakischen Autonomiebewegung, für die Slowakei eine eigene gesetzgebende Versammlung und eigene Gerichte (Kirschbaum 1994 S. 114, Bystrický 2007, S. 51). Die Forderung nach slowakischer Autonomie im Rahmen der Tschechoslowakei war ebenso die Basis der Föderalisierung der Tschechoslowakei im Jahre 1968. Auf dem Papier war die Tschechoslowakei ab dem 28. Oktober 1968 ein Bundesstaat mit einer Tschechischen und einer Slowakischen Republik. Tatsächlich war sie jedoch zentralistisch organisiert. Nach dem Niedergang des realen Sozialismus Ende des Jahres 1989 waren in der Verfassungsdebatte im Jahre 1990 die Föderation und die Konföderation „die beiden Endpunkte des […] für viele Slowaken akzeptablen Spektrums". Hinsichtlich der dritten Möglichkeit, der Unabhängigkeit, wusste niemand, „ob dies eine realisierbare Möglichkeit ist und ob sie wirklich im Volk Unterstützung fände" (Kirschbaum 1994, S.126-127). Die Slowakei dachte mehr daran, als souveräne Nation und souveräner Staat Teil der EU zu werden (Ferenčuhová 2007, S.175).

Zusammengefasst kann das EU-Deutungsangebot der verpflichtenden Flüchtlingsquoten vor der slowakischen Soziokultur deshalb nicht bestehen, weil es „an den Dispositionen, Erwartungen und Bedürfnissen" der Slowaken vorbeigeht (Dörner 2003, S.605). Sie finden sich in diesem Deutungsangebot nicht wieder, denn es scheint einen Weg in die Vergangenheit zu weisen. Die slowakische Nation würde sich, so die Deutung, erneut in einer untergeordneten Position befinden. Das Angebot steht ebenso im Gegensatz zu den slowakischen Vorstellungen und Zielen von der Mitgliedschaft in der EU, d.h. ein gleichberechtigter und gleichwertiger Partner zu sein. Die Slowakei ist zwar bereit, Teile ihrer staatlichen Souveränität der EU zu übertragen. Es gibt, wie die Flüchtlingsfrage zeigt, jedoch Ausnahmen.

Die Furcht vor dem Islam

Die slowakische Ablehnung der Quoten wird dadurch verstärkt, dass die Herkunftsländer der Flüchtlinge, die im Sommer 2015 aus Staaten nach Europa kamen islamisch geprägt sind. National und konservativ-christliche orientierte Parteien wie die SNS, die ĽSNS, die KDH, OĽaNO aber auch SMER-SD lehnen die Aufnahme muslimischer Flüchtlinge ab (Rogalska 2016, S.47). Sie verweisen darauf, dass das Christentum der tragende Pfeiler Europas und der Slowakei sei und erreichen damit die christliche slowakische Bevölkerung. Robert Fico (2016b) erklärte, der jahrhundertealte „Charakter des Landes" ruhe „auf den Traditionen von Kyrill und Method". In diesem Zusammenhang ist wiederum die Präambel der slowakischen Verfassung bedeutsam. Diese nennt das von Fico angesprochene „geistige Erbe von Kyrillios und Methodios", d.h. das christliche Erbe der Slowakei. Auf Grund des christlichen Einflusses ruft die Aufnahme einer größeren Anzahl von Muslimen in großen Teilen der Gesellschaft ein Gefühl der Bedrohung der christlichen nationalen Kultur hervor. Verstärkt wird dieses durch die Angst vor Kriminalität sowie terroristischen Akten muslimischer Fanatiker und durch Zweifel an der Integrierbarkeit von Muslimen in die nationale Gesellschaft (Štefančík 2011, S.3,11).

Zur negativen Wahrnehmung der Muslime tragen sich gegenseitig verstärkende und bestätigende aktuelle und historische Faktoren bei (Štefančík 2011, S.12). Zunächst ist die gegenwärtige mediale Darstellung der Muslime anzuführen. Hierzu gehören Probleme bei der Integration der steigenden Anzahl muslimischer Zuwanderer und Flüchtlinge im westlichen Europa aber auch die kriegerischen Auseinandersetzungen im Nahen Osten sowie terroristische Angriffe in Europa und den USA, wobei der 11. September 2001 eine wichtige Rolle spielt (Štefančík/Lenč 2012, S.87; Štefančík 2011, S.12). In diesem Kontext steht auch die Aussage von Robert Fico, die auf die Bundesrepublik Deutschland gemünzt ist und Sicherheitsfragen betont: *„Ich möchte in diesem Land nicht eines Tages aufwachen und hier 50tausend Menschen haben, von denen wir nichts wissen. Ich möchte nicht die Verantwortung für einen möglichen terroristischen Angriff tragen, nur weil wir etwas unterschätzt haben"* (Fico 2015a).

Auch wenn die Zahl der Muslime in der Slowakei gering ist (ca. 4000-5000), sie als gut integriert gelten und ihre Predigten in slowakischer Sprache halten, rufen die Bilder muslimischer Parallelgesellschaften in Deutschland und Frankreich in der Slowakei Befürchtungen vor einem weiteren Zuzug von Muslimen hervor (Drobný 2015, S.140,142; Štefančík 2011, S.16-18). Robert Fico (2016) befürchtet mit Blick auf Deutschland, dass mit einer Zunahme der Anzahl von Muslimen die Integration schwieriger wird und sich Parallelgesellschaften ausbilden. Die rechtsextreme ĽSNS (2016, S.2) spricht muslimischen Immigranten generell die Anpassungsfähigkeit ab und stellt diese als „Horden" dar, die sich „nicht den slowakischen Gesetzen und gesellschaftlichen Normen anpassen" wollen, „viele Verbrechen begehen und eine riesige Belastung für die heimische Bevölkerung sind". Ebenso würden die Muslime „das Christentum und die europäische Kultur verdrängen" und „die Gesellschaft, die sie aufnahm nach ihren Vorstellungen verändern".

Die Furcht vor einer Islamisierung Europas thematisierte die SNS bereits im Jahre 2012: *„Der Islam will das kulturelle Gesicht Europas verändern. Wir verkünden klar: Nein zur Islamisierung der EU, nein zu einer EU-Mitgliedschaft der Türkei. Wir werden die Bildung eines europäischen Kulturwalls gegen diese Form des Multikulturalismus initiieren, die uns von unserer Substanz entfremdet und die [Europa] in ethnische Konflikte hineinführt. Wir protestieren gegen die gewaltsame Unterdrückung des Christentums."* (SNS 2012, S.10). Ein Jahr zuvor führte der derzeitige Vorsitzende der Partei, Andrej Danko mit Blick auf die christliche Prägung des Landes und Europas aus: *„Wir müssen […] Garantiemechanismus [dafür] schaffen, dass in der Slowakei nicht eines Tages die Scharia anstelle des Strafgesetzes angewandt wird. Die Slowakische Nationalpartei […] wird immer konsequent die Interessen der christlichen Slowakei und auch Europas verteidigen"* (Štefančík 2011, S.23). Aus diesem Grunde will die SNS (2015, S.26) das Tragen von Burkas und die Errichtung von Minaretten verbieten. OĽaNO (2016, S.128) sieht im politischen Islam „eine beispiellose Bedrohung" und verweist auf terroristische Angriffe, die im Namen des Islams ausgeübt wurden.

Diese Bilder und Deutungsangebote verfangen in der slowakischen Soziokultur, da sie sich mit recht weit zurückliegenden historischen Erfahrungen mit der als fremd wahrgenommenen islamischen Kultur und Religion verbinden lassen. Sie verstärken die negative Darstellung und Wahrnehmung des Islams. Zugleich aber bestätigen die gegenwärtigen Muslim- und Islambilder die historischen Bilder. Von Bedeutung ist die Anwesenheit der muslimischen Osmanen auf dem Gebiet der heutigen südlichen Slowakei in der zweiten Hälfte des 16. Jahrhunderts und im 17. Jahrhundert (Štefančík/Lenč 2012, S. 88, Drobný 2016, S.66). Anders als Frankreich oder England, deren Kolonialreich viele muslimische Länder umfasste, über die diese europäischen Großmächte aktiv herrschten, verfügt die Slowakei über passive Erfahrungen. Die knapp anderthalb Jahrhunderte währende Anwesenheit der Osmanen in der südlichen Slowakei beeinflusste das slowakische Bild der Muslime langfristig (Štefančík/Lenč 2012, S.111, 116). Die Türken hätten sich bei ihren Eroberungszügen in der zweiten Hälfte des 16. Jahrhunderts als raubsüchtig präsentiert (Štefančík/Lenč 2012, S.95). In der zeitgenössischen Belletristik sowie in wissenschaftlichen Büchern und Kriegschroniken aus der Zeit der nationalen Erweckung wurde der Islam zum Feind Nr. 1 erklärt (Wheatcroft 2006, S.292-305). Das seit dem 16. Jahrhundert gepflegte historische Bild des blutrünstigen Muslims als Erzfeind des europäischen Christentums und apokalyptische Bedrohung der europäischen Gesellschaften verankerte sich im kollektiven Gedächtnis der slowakischen Gesellschaft und wurde Bestandteil der slowakischen politischen Soziokultur (Štefančík/Lenč 2012, S.88). Daher kann auch das gegenwärtig von national und christlich orientierten Parteien verbreitete negative Bild des Islams in der Wahrnehmung der slowakischen Bevölkerung bestehen, auch wenn die Slowakei seit Jahrhunderten keinen direkten Kontakt mehr mit der islamischen Welt hat (Štefančík 2011, S.16).

Die Erfahrung der osmanisch-muslimischen Besatzung der südlichen Slowakei wird vor dem Hintergrund der Flüchtlingsfrage verstärkt instrumentalisiert. So lud die Kresťanskodemokratické hnutie (KDH) für den 20. Januar 2017 zu einer Gedenkveranstaltung zur Schlacht von Vezekény ein. In der Einladung zu dieser Gedenkfeier wird ausgeführt, dass dieses Ereignis auch in der Gegenwart von großer symbolischer Bedeutung ist. Es drücke aus, dass Europa christlich ist (KDH 2017; vgl. KDH 2016, S.76).[5] Die katholische Vereinigung Magnificat Slovakia und ihr Vorsitzender, der ehemalige Dissident, Anton Selecký, der die rechtsradikalen Ľudová strana – Naše Slovensko unterstützt, forderte im Sommer 2016 den damaligen Generalintendanten des slowakischen öffentlich-rechtlichen Rundfunk (RTVS), Václav Mika, auf, die polnisch-italienische Filmproduktion „Die Belagerung – September Eleven 1683" zu senden (RTVS 2016; Magnificat 2016). Alsdann thematisieren Aktionen wie „Turci idú" (Tamo 2014), die türkisch-osmanische Invasion der heutigen Slowakei im 16. und 17. Jahrhundert.

Zusammengefasst lehnt die Slowakei die verpflichteten Flüchtlingsquoten wegen des in ihrer politischen Soziokultur verankerten negativen Bildes des Islams ab, das in der Gegenwart von national, konservativ und christlich orientierten Parteien wie der SNS, der ĽSNS, OLaNO

---

[5] Diese Schlacht fand am 26. August 1652 statt und endete mit einem Sieg der Ungarn gegen die Osmanen.

und der KDH aber auch von SMER-SD sowie SaS instrumentalisiert wird. Diese historisch vererbte und gegenwärtige angesprochene Ebene der Soziokultur verbindet sich mit der Angst vor asymmetrischen Beziehungen zwischen der EU und der Slowakei. Die EU zwinge dem Staat Menschen auf, die er als Bedrohung für die nationale und europäische christliche Kultur betrachtet.

Migrationserfahrungen

Neben den Bedrohungsgefühlen, dem Gefühl der Ungleichwertigkeit und Bevormundung durch die EU sowie der Furcht vor dem Islam gibt es einen weiteren Grund für die ablehnende Haltung der Regierung sowie der Bevölkerung der Slowakei, eine festgelegte Anzahl von Flüchtlingen aufzunehmen. Hierbei ist zunächst ein scheinbares Paradox anzuführen. Zwischen 1898 und 1913 emigrierten ca. 430.000 Slowaken nach Nordamerika (Bosák 1991, S.69). Unmittelbar nach dem 2. Weltkrieg verließen hohe Vertreter des Slowakischen Staates (1939-1945) die Tschechoslowakei. Nach der kommunistischen Machtübernahme im Februar 1948 folgte eine zweite Emigrationswelle. Die dritte große Auswanderungsbewegung löste die Niederschlagung des Prager Frühlings im August 1968 aus (Štefančík/Lenč 2012, S.60). Nach 1989 und dem Beitritt der Slowakei zur EU im Jahre 2004 fanden viele Slowaken Arbeit im Ausland, wobei die Mehrheit von ihnen nicht in die Heimat zurückkehren möchte.[6] Verantwortlich für die Abwanderung nach 1989 waren die hohe Arbeitslosigkeit, niedrige Löhne sowie Probleme bei der Konsolidierung der Demokratie (Štefančík/Lenč 2012, S.70).

Die kritische Haltung gegenüber der Aufnahme von Flüchtlingen ergibt sich aus der durch Abwanderung geprägten Geschichte der slowakischen Gesellschaft. Migration verbindet sich in der dortigen Vorstellungswelt mit der Auswanderung aus, nicht aber mit der Einwanderung in die Slowakei (Sosnovská 2016, S.16). Bis zum Jahre 1989 war Zuwanderung in die Slowakei kein Thema. Wenn eine solche überhaupt stattfand, dann aus dem tschechischen Landesteil, aus anderen Ländern des Ostblockes sowie afrikanischen und einigen asiatischen Ländern. Zudem handelte es sich, zumindest was die Zuwanderung von Afrikanern und Asiaten betraf, um eine zeitlich befristete Zuwanderung zu Ausbildungszwecken und zum Sammeln von Arbeitserfahrungen. Erst das Epochenjahr 1989 führte zu Veränderungen. Zu Be-

---

[6] Ihre Zahl wurde Ende 2015 auf 300.000 beziffert (Pluska 2015)

ginn der 1990er Jahre kamen Kriegsflüchtlinge aus dem zerfallenden Jugoslawien und dem Irak und Afghanistan ins Land. Eine ernstzunehmende Arbeitsmigration in die Slowakei ist seit dem Beitritt des Staates zur EU am 1. Mai 2004 zu verzeichnen (Štefančík/Lenč 2012, S.60-64, 67). Die Zahl von Ausländern mit längerfristigem oder dauerhaftem Aufenthaltsrecht auf dem Gebiet der Slowakei hat sich bis Ende 2017 gegenüber dem Jahre 2004 zwar mehr als vervierfacht. Ihr Anteil an der Gesamtbevölkerung beträgt dennoch lediglich 1,92%.[7] Mehrheitlich stammen die Zuwanderer aus europäischen Ländern, die über eine ähnliche Kultur verfügen. Neben der europäischen Zuwanderung verzeichnet die Slowakei Zuwanderer aus ostasiatischen Ländern wie Vietnam, China und Korea (Štefančík/Lenč 2012, S.68-70). Das Thema Immigration stand in der Slowakei deshalb lange Zeit nicht auf der politischen Agenda (Štefančík 2010, S.19).

Das Regierungsprogramm für den Zeitraum 2016 bis 2020 spricht das Problem der Migration nur im Zusammenhang mit der unkontrollierten und illegalen Massenmigration, dem Schutz der Außengrenzen der EU sowie dem internationalen Terrorismus an (Programmerklärung 2016). Die Konzeption der Migrationspolitik der Slowakischen Republik aus dem Jahre 2011 spricht von einem Interesse der staatlichen Organe, sich dieser Thematik anzunehmen (Migrationspolitik 2011, S.5).

Zusammengefasst hat die Slowakei nur wenige Immigrationserfahrungen, vor allem mit Flüchtlingen. Anderseits verließen viele ihrer Bewohner aus politischen und/oder wirtschaftlichen Gründen das Land. Es scheint vielen Slowaken unverständlich, warum das Heimatland, ein Einwanderungsland für Flüchtlinge im Allgemeinen und Wirtschaftsflüchtlinge im Besonderen sein soll.

Zusammenfassung

Der Beitrag untersuchte mithilfe eines qualitativen Ansatzes der politischen Kulturforschung die Frage, warum die Slowakei die von der Europäischen Kommission vorgeschlagenen und vom Rat der Europäischen Union verabschiedeten verbindlichen Quoten zur Aufnahme von Flüchtlingen ablehnt. Als Analysegrundlage diente das politische Kulturkonzept Karl Rohes.

---

[7] Von 22.108 auf 104.451 Personen (IOM 2018). Dennoch ist die Slowakei kein ethnisch homogener Staat, gibt es doch eine relativ große ungarische Minderheit im Süden sowie eine russinische Minderheit im Osten des Landes. Darüber hinaus leben in der Slowakei viele Roma.

Rohe unterscheidet eine politische Sozio- und eine politische Deutungskultur. Die Soziokultur präsentiert das kollektive Gedächtnis einer politischen Gesellschaft und markiert den „Modus von politisch-kultureller Normalität" (Dörner 2003, S. 604). Sie ist der Handlungsrahmen, der sich als Lebensweise gesellschaftlich auskristallisiert hat. Die Deutungskultur beschreibt Vorschläge, mit denen eine Gesellschaft verändert oder bewahrt werden soll. Die Angebote müssen vor den Beurteilungsmaßstäben der Soziokultur bestehen. Die Forderung der EU nach Flüchtlingsquoten ist ein solches Deutungsangebot, welches vor der Soziokultur der slowakischen Bevölkerung und auch ihrer politischen Repräsentanten bestehen muss, wenn es angenommen werden soll. Das Angebot der EU entspricht weder den in der slowakischen politischen Soziokultur gespeicherten Vorstellungen, noch den historischen Erfahrungen. Deshalb wird es von der slowakischen Bevölkerung und den führenden Politikern abgelehnt. Auf der anderen Seite werden jedoch die EU-kritischen Deutungsangebote slowakischer Politiker von der Bevölkerung angenommen. Diese bestehen vor der slowakischen Soziokultur.

Verantwortlich für die Ablehnung des EU-Deutungsangebots „Flüchtlingsquoten" sind die in der slowakischen politischen Soziokultur verankerten und vor allem von Parteien wie SMER-SD und Sloboda a Solidarita aufgegriffenen Hegemonieerfahrungen bzw. Erfahrungen mit asymmetrischen Beziehungen zwischen der slowakischen Nation, dem ungarischen Staat sowie der tschechischen und auch deutschen Nation im 19. und 20. Jahrhundert. Zweitens ist es das diffus-positive Bild der EU, die trotz konkreter Kritik als Rahmen für den slowakischen Emanzipationsprozess wahrgenommen wird. Drittens sind die historischen Erfahrungen mit dem Islam auf dem Gebiet der heutigen Slowakei im 15. und 16. Jahrhundert, das Wissen über islamistisch motivierte Terror-Anschläge in Europa in der Gegenwart sowie Probleme bei der Integration von Muslimen in die (west-)europäischen Gesellschaften. Diese Erfahrungen prägen das negative slowakische Islambild, das namentlich von der SNS, der ĽSNS, der KDH, OĽaNO und SMER-SD gepflegt wird. Viertens hat die Slowakei im Vergleich zum Westen Europas andere Migrationserfahrungen. Migration ist hier historisch bedingt mit Aus- nicht mit Zuwanderung verbunden.

Die Auseinandersetzung mit dem Quotenvorschlag der EU verdeutlicht einen nationalen Selbstwahrnehmungsdiskurs. Dessen Ergebnis ist die Beschreibung der „sinnhaltigen Welt" der Nation (Voegelin

1991, S.84). Hierzu gehören das slowakische Autostereotyp, eine kleine und unterdrückte Nation zu sein sowie das Bestreben, von der EU als gleichberechtigter, gleichwertiger Partner und als erwachsenes Land anerkannt zu werden, das durch die verpflichtenden Flüchtlingsquoten ad absurdum geführt werde. Die Aussagen von Robert Fico, Luboš Blaha, Richard Sulík und Andrej Danko sind Ausdruck der slowakischen Furcht, nicht als selbstständige Nation anerkannt, sondern als Provinz größerer politischer Gebilde betrachtet zu werden. Die Flüchtlingsquoten erscheinen im Selbstverständnis der Slowaken als Rückkehr in die durch asymmetrische Beziehungen mächtigeren Nationen geprägte Vergangenheit. Diese Deutung widerspricht jedoch dem eigenen Anspruch, eine moderne Nation sowie ein wirtschaftlich und kulturell attraktiver Staat zu sein.

Literatur

Batora, Jozef, 2007: Identita a štátny záujem? O čo ide v slovenskej zahraničnej politike. In: László Szigeti (Hrsg.): Slovenská otázka dnes. Bratislava, S. 359-366.

Bosák, Edita, 1991: Slovaks and Czechs: An uneasy coexistence. In: H. Gordon Skilling (Hrsg.): Czechoslovakia 1918-88. Seventy Years from Independence, New York, S. 65-81.

Bystrický, Valerián, 2007: Štátnosť darovaná, či vnútená: In: László Szigeti (Hrsg.): Slovenská otázka dnes. Bratislava, S. 50-59.

Chmel, Rudolf: Slovenská otázka v 20. storočí. In: Rudolf Chmel (Hrsg.): Slovenská otázka v 20. storočí, Bratislava 1997, S. 5-34.

Cleveland, 1915: Clevelandská dohoda. In: Dokumenty slovenskej národnej identity a štátnosti I. Bratislava 1998, S 445-448.

Dörner, Andreas, 2003: Politische Kulturforschung. In: Herfried Münkler (Hrsg.): Politikwissenschaft. Ein Grundkurs, Reinbek bei Hamburg, S. 578-618.

Drobný, Jaroslav, 2015: Moslimská populácia na Slovensku. In: Populačné štúdie Slovenska, H.7, S. 137-145.

Drobný, Jaroslav, 2016: Islam a moslimovia v slovenských dejinách. In: Studia Academica Slovaca, H.45, S. 57-69.

Ďurovič, Lubomír, 2007: Tá naša (slovenská) identita. In: László Szigeti (Hrsg.): Slovenská otázka dnes. Bratislava, S. 32-40.

Ferenčuhová, Bohumila, 2007: Zmieri sa Slovensko so svojím nacionalizmom. In: László Szigeti (Hrsg.): Slovenská otázka dnes. Bratislava, S. 171-187.

Findor, Andrej, 2013: Tisícročná poroba. In: Eduard Krekovič; Elena Mannová, Eva Krekovičova (Hrsg.): Mýty naše slovenské, Bratislava S. 71-76.

Forderungen, 1848: Žiadosti slovenského národa In: Dokumenty slovenskej národnej identity a štátnosti I. Bratislava 1998, S. 307-310.

Handl, Vladimír, 2007: Vom Feindbild zum differenzierten Europabild? Tschechien, Ostmitteleuropa und die europäische Integration. In: Integration. Vierteljahreszeitschrift des Instituts für Europäische Politik, Jg.30, H.4, S. 470-483.

Kamenec, Ivan, 2007: Stereotypy v slovenských dejinách a v slovenskej historiografii. In: László Szigeti (Hrsg.): Slovenská otázka dnes. Bratislava, S. 120-126.

Kirschbaum, Samuel, 1994: Das slowakische Problem. In: Georg Brunner, Hans Lemberg (Hrsg.): Volksgruppen in Ostmittel- und Südosteuropa. Baden-Baden, S. 111-130.

Krekovičová, Eva, 2007: Folklór a politika. Etnocentrismus a Slovensko. In: László Szigeti (Hrsg.): Slovenská otázka dnes. Bratislava, S. 127-132.

Krivý, Vladimír; Mannová Elena, 2013: Mýtus obete. In: Eduard Krekovič; Elena Mannová, Eva Krekovičova (Hrsg): Mýty naše slovenské, Bratislava, S. 77-85.

Kružliak, Imrich, 1982: Tvorcovia nového Slovensko. In: Jozef Staško (Hrsg.): Tvorcia nového Slovensko. The shaping of modern Slovakia. Cambridge-Ontario, S. 3-61.

Lešková, Eva, 2006: Slovensko. In: Vlastimil Havlík; Petr Kaniok (Hrsg.): Euroskepticsimus a země střední a východní Evropy. Brno, S. 31-44.

Lipták, Ľubomír, 2013: Koniec mýtov na Slovensku? In: Eduard Krekovič; Elena Mannová, Eva Krekovičova (Hrsg.): Mýty naše slovenské, Bratislava, S. 239-241.

Lukáč, Pavol, 2007: Historická a politická identita. In: László Szigeti (Hrsg.): Slovenská otázka dnes. Bratislava, S. 336-345.

Martinkovič, Marcel, 2013: Politické myslenie Novej školy. Občiansko-národný program Slovenských novín, Bratislava 2013.

Memorandum, 1868: Memorandum národa slovenského. In: Dokumenty slovenskej národnej identity a štátnosti I. Bratislava 1998, S. 336-343.

Neue Schule, 1868: Program politického zoskupenia Nová škola slovenská. In: Dokumenty slovenskej národnej identity a štátnosti I. Bratislava 1998, S. 358-360.

Novosád, František: 2007: Peripetie repolitizácie. In: László Szigeti (Hrsg.): Slovenská otázka dnes. Bratislava, S. 140-150.

Rogalská, Karin, 2016: Misslungener Poker mit der Flüchtlingskrise. In: Osteuropa, Jg.66, H.3, S. 43-50.

Rohe, Karl, 1996: Politische Kultur. Zum Verständnis eines theoretischen Konzepts. In: Oskar Niedermeyer; Klaus von Beyme (Hrsg.): Politische Kultur in Ost- und Westdeutschland. Opladen 1996, S. 1-21.

Samson, Ivo, 1999: Der widerspruchsvolle Weg der Slowakei in die Europäische Union, Bonn.

Škvarna, Dušan, 2007: Zvláštna cesta Slovenska. Moderne slovenské dejiny a súčasná polarizácia našej spoločnosti. In: László Szigeti (Hrsg.): Slovenská otázka dnes. Bratislava, S. 254-262.

Sosnovska, Anna, 2016: Mitteleuropa versus Central Europe. In: Aspen review, Jg.5, H.2, S. 15-18.

Spáč, Peter, 2016: Anti-Europeanism and Euroskepticism in Slovakia, in:Patrick Moreau; Birte Wasserberg (Hrsg.): European Integration and New Anti-Europeanism II. Stuttgart, S. 163-180.

Stefančík, Radoslav, 2010: Prenikanie témy migrácie do politiky straníckych subjektov v Českej republike a na Slovensku, in: Studia Politica Slovaca, Jg.3, H.1, S. 3-22.

Štefančík, Radoslav, 2011: Islamofóbny populizmus v straníckej politike, in: Rexter. Časopis pro výzkum radikalismu, extremismu a terorismu, Jg.9, H.2, S. 1-30.

Stefančík, Radoslav; Lenč, Jozef (2012): Mladí migranti v slovenskej spoločnosti. Medzinárodná migrácia, moslimovia, štát a verejná mienka. Brno.

Štúr, Ľudovít, 1848: Štúrova reč pred slovenskými dobrovoľními. In: Dokumenty slovenskej národnej identity a štátnosti I. Bratislava 1998, S. 313.

Trauner, Florian, 2016: Wie sollen Flüchtlinge in Europa verteilt werden. Der Streit um einen Paradigmenwechsel in der EU-Asylpolitik. In: Integration, Jg.39, H.2, S. 93-106.

Vlčej, Jozef, 2016: Ako volia Slováci. Politický vývoj Slovenskej republiky v období 1989-2016. Brno.

Voegelin, Eric, 1991: Die neue Wissenschaft der Politik. Freiburg.

Wheatcroft, Andrew, 2006: Nevěřící. Střety křesťanstva s islámem v letech 638-2002, Praha.

Zemko, Milan: Moderný politický národ. In: László Szigeti (Hrsg.): Slovenská otázka dnes. Bratislava, S. 188-192.

Internetdokumente

Amtsblatt EU, 2016: Amtsblatt der Europäischen Union C 38/41 vom 1.2.2016. URL: http://eur-lex.europa.eu/legal-content/DE/TXT/PDF/?uri=CELEX: 620 15CN0643&from=DE.

Blaha, Luboš, 2015: Kvóty sú podvod – o čo ide Západu v skutočnosti? URL: http://www.noveslovo.sk/c/Kvoty_su_podvod_o_co_ide_Zapadu_v_skutocn osti

DLF, 2015: Flüchtlingsdebatte, URL: http://www.deutschlandfunk.de/ fluechtlingsdebatte-es-gibt-keine-pflicht-fluechtlinge.694.de.html?dram:article_id=328736

FAZ, 2017: Slowakei und Ungarn scheitern mit Klage gegen Flüchtlingsquote URL: https://www.faz.net/aktuell/fluechtlingsquote-slowakei-und-ungarn-scheitern-mit-klage-15185771.html

Fico, Robert, 2015a: Kvótam hovorím nie. Nechcem niesť zodpovednosť za teroristický útok. URL: http://spravy.pravda.sk/domace/clanok/367102-fico-kvotam-hovorim-nie-nechcem-niest-zodpovednost-za-teroristicky-utok/

Fico, Robert, 2015b: Diktát odmietame, kvóty nebude Slovensko rešpektovať. URL: http://spravy.pravda.sk/domace/clanok/368428-fico-povinne-kvoty-slovensko-nebude-respektovat

Fico, Robert, 2016: Podla Fica nemá islam na Slovenslu pristor. URL: https://www.topky.sk/cl/100535/1549827/Podla-Fica-nema-islam-na-Slovensku-priestor--Moslimovia-su-pobureni--toto-je-ich-reakcia

IOM, 2018: Migration in der Slowakei. URL: http://www.iom.sk/sk/migracia/migracia-na-slovensku (09.11.2018)

KDH, 2016: Slovensko. Bezpečný domov, spokojené rodiny. Volebný program KDH 2016. URL: http://kdh.sk/wp-content/uploads/2016/01/volebny_program_web.pdf

KDH, 2017: URL: https://www.facebook.com/krestanskidemokrati/photos/a.220307418290.131563.163449818290/10155055965363291/?type=3&theater

ĽSNS, 2016. 10 Bodov za Naše Slovensko. Volebný program politickej strany Kotleba – Ľudová strana Naše Slovensko. URL: http://www.naseslovensko.net/wp-content/uploads/2015/01/Volebný-program-2016.pdf

Magnificat, 2016: Film 11. september 1683. URL: http://www.magnificat.sk/vaclav-mika-film-11-september-1683-bitka-pri-viedni-je-sovinisticky-a-xenofobny-vyhlasenie-k-listu-vaclava-miku/

Medienservicestelle, 2016: URL: http://medienservicestelle.at/migration_bewegt/2017/03/28/relocation-programm-oesterreich-hat-noch-keine-fluechtlinge-aufgenommen

Migrationspolitik, 2011: Migračná politika Slovenskej republiky s výhľadom do roku 2020, Bratislava. URL: http://minv.sk/?zamer-migracnej-politiky-slovenskej-republiky&subor=10500

Obšitník, Lukáš, 2016: Migrácia potrebuje pravicový prístup. Pozícia má čo dobiehať. URL: www.postoj.sk/11174/migracia-potrebuje-pravicovy-pristup-opozicia-ma-co-dobiehat

OĽaNO, 2016: Program za ľudské a rozumné Slovensko. URL: http://www.obycajniludia.sk/wp-content/uploads/2016/02/program-olano.pdf

Pluska, 2015a: Prieskum: prijmeme utečencov za svojich takýto je postoj Slovákov. URL: http://www.pluska.sk/spravy/z-domova/prieskum-prijmeme-utecencov-za-svojich-takyto-je-postoj-slovakov.html

D. M. Dalberg: Die Bedeutung der politischen Kultur in der Flüchtlingskrise

Pluska, 2015b: V zahraničí pracuje vyše 300-tisíc Slovákov. URL: http//www.pluska.sk/spravy/ekonomika/v-zahranici-pracuje-vyse-300-tisic-slovakov-domov-vratit-nechcu.html

Programmerklärung, 2016: Programové vyhlásenie vlády SR, Bratislava. URL: http://www.vlada.gov.sk/data/files/6483_programove-vyhlasenie-vlady-slovenskej-republiky.pdf

Rat, 2015: Beschluss (EU) 2015/1601 des Rates vom 22.9.2015 zur Einführung von vorläufigen Maßnahmen im Bereich des internationalen Schutzes zugunsten von Italien und Griechenland. URL: http://eur-lex.europa.eu/legal-content/DE/TXT/PDF/?uri=CELEX:32015D1601&from=DE

RTVS, 2016: RTVS dostalo žiadost. URL: https://www.hlavnespravy.sk/rtvs-dostalo-ziadost-odvysielat-film-11-september-1683-bitka-pri-viedni-ktorou-nasi-predkovia-zachranili-europu-pred-islamom/816203#

SaS, 2016: Sloboda a solidarita: Volebný program Parlamentné voľby 2016. URL: http://sulik.sk/wp-content/uploads/2016/11/volebny-program-sas-nr-sr-2010.pdf

Schöpflin, George, 2003: Vytváranie európskej kultúrnej identity? Stredná Európa v rozšírenej Európskej únii. URL: https://euractiv.sk/analyzy/uncategorized/vytvaranie-europskej-kulturnej-identity-stredna-europa-v-roz/

Sme-Rodina, 2016: Program Sme Rodina – Boris Kollár 2016. URL: http://hnutie-smerodina.sk/Program-Hnutia-Sme-Rodina.pdf

SNS, 2012: Vernosť Slovensku. Programové memorandum SNS. Odsúhlasené rozšíreným Predsedníctvom SNS v Žiline 21.1.2012. URL: https://is.muni.cz/el/1423/jaro2016/EVS187/um/Volebne-memorandum-2012.pdf

SNS, 2013: Petícia slovenských vlastencov adresovaná Bruselu. Popradské memorandum z 29. júna 2013. URL: http://www.popradskememorandum.sk/

SNS, 2015: Slovenská národná strana: Košické programové tézy pre Slovensko. URL: http://www.sns.sk/engine/assets/uploads/2015/06/ kosicke_tezy.pdf

Tamo, 2014: Turci idú. URL: http://www.tamo.sk/spravy/ 1352-turci-idu

Verfassung, 1992: Ústava Slovenskej republiky. URL: http://www.slpk.sk/dokumenty/ustava.pdf

Webnoviny, 2015: Slováci nechcú, aby utečenci našli v našej krajine domov. URL: www.webnoviny.sk/slovensko/clanok/993247-slovaci-nechcu-aby-utecenci-nasli-v-nasej-krajine-domov/

Vorbemerkung zu dem Bericht von Bernhard Frommund

Bereits in meiner Kindheit zeigte mir mein Großvater (mütterlicherseits) das mit Erstaunen bewirkenden Fotos versehene Neuguinea-Buch seines Verwandten Bernhard Frommund. Dieser war als Kolonialbeamter drei Jahre lang Polizei- und Hafenmeister im damaligen Deutsch-Neuguinea und wurde dann nach Kamerun versetzt, wo er 1914 in englische Kriegsgefangenschaft geriet, die er auf der englischen Insel Man verbrachte. Danach verfasste er über seine Zeit auf Neuguinea das kleine Buch **„Deutsch-Neuguinea, eine Perle der Südsee. Erlebnisse und Eindrücke eines Deutschen auf Deutsch-Neuguinea 1905 – 1908"** *(Hamburg 1926). Da es mir durchaus lesenswert erscheint, etwas über seine damaligen Eindrücke zu erfahren, werden anschließend Auszüge aus dem Buch wiedergegeben. Insgesamt lässt der Text die damalige europäische Wahrnehmung der Inselbewohner als „Eingeborene" erkennen.*

Neuguinea, *die zweitgrößte Insel der Welt, ist eine gebirgige, dichtbewaldete Tropeninsel mit großer Vielfalt von Pflanzenarten. Bewohnt wurde es von Papua-Stämmen mit vielen unterschiedlichen Sprachen. Die Kolonisierung der Insel begann um 1828 mit einer niederländischen Expedition; 1884 wurde die Insel zwischen den Niederlanden (Insel-Westteil), Großbritannien(Südostteil) und dem Deutschen Reich (Nordostteil) aufgeteilt. Zum deutschen „Schutzgebiet" im Südpazifik gehörten auch die Inseln des Bismarck-Archipels (Neupommern, Neumecklenburg, Neuhannover etc.) sowie u.a. die Salomon-Inseln, die Marshallinseln und die Inseln Palau und Nauru. Der britische Inselteil wurde 1906 an Australien abgetreten. Der bisher deutsche Nordostteil wurde nach dem Ersten Weltkrieg australisches Völkerbundmandatsgebiet. Nach dem Zweiten Weltkrieg blieb der Westteil der Insel zunächst niederländisch und wurde dann 1963 Teil von Indonesien, das viele Papuas kriegerisch nach dem Osten vertrieb. 1973 wurde der Ostteil der Insel zum autonomen Staat Papua-Neuguinea.*

Gerd Vonderach

Bernhard Frommund

Deutsch-Neuguinea Anfang des 20. Jahrhunderts

Deutsch-Neuguinea oder Kaiser-Wilhelms-Land, der Hauptteil des früheren deutschen Schutzgebiets in der Südsee, ist 181000 qkm groß und hat schätzungsweise etwa 100000 Bewohner, darunter 370 Weiße. Es wurde 1884 von der Neuguinea-Kompagnie, einer mit einem Aktienkapital von sechs Millionen Mark gegründeten Berliner Kolonialgesellschaft, in Besitz genommen und unter deutsche Schutzherrschaft gestellt. Am 1. April 1899 übernahm das Reich endgültig die Landeshoheit über das Gebiet. Im Süden grenzt es an englischen, im Westen an holländischen Besitz.

Das Land hat einen durchaus gebirgigen Charakter. Drei Hauptgebirgszüge durchschneiden es. Der Küste am nächsten liegt das Finisterre-Gebirge (über 3000 Meter). Dann folgt das ebenfalls über 3000 Meter hohe Krätke-Gebirge, und noch weiter im Innern liegt endlich das Bismarck-Gebirge mit Erhebungen von über 4300 Meter Höhe, die, wenn sie einmal sichtbar sind, schneebedeckt aus der fernen Wolkenschicht hervorleuchten. Neben diesen gewaltigen drei Gebirgsmassiven sind noch verschiedene kleinere Randgebirge vorhanden, deren durchweg steile und zerrissene Ausläufer nicht selten mit schroff und üppig bewaldeten Graten das Meer erreichen. Auf das Randgebirge folgt nach dem Innern meist ein stufenförmiges Hochland, das mit dem von allen Pflanzern gefürchteten meterhohen Alang-Alang-Grase bewachsen ist. Dieses Gras ist deshalb so gefürchtet, weil es die Eigenschaft besitzt, den Boden durch seine enorme Wurzelverbreitung vollkommen auszusaugen, so daß kein anderer Pflanzenwuchs hochkommen kann. Die Ausrottung ist mit ungeheuren Schwierigkeiten und großen Kosten verknüpft, denn die unzähligen Wurzeln sitzen tief im Erdboden.

Das Gelände, welches fast ununterbrochen bergauf und bergab führt, bietet allen Erkundungsreisen erhebliche Schwierigkeiten. Deshalb ist es auch meines Wissens bis heute noch keinem Forscher gelungen, in das undurchdringliche Geheimnis dieser gewaltigen Gebirge einzudringen. Die zwei Expeditionen, die im letzten Jahrzehnt des vergangenen und den ersten Jahren dieses Jahrhunderts auf Kosten der Neuguinea-Kompagnie den Ramu stromaufwärts unternommen wurden, haben nicht im entferntesten das Ergebnis gehabt, das von ihm erwartet wurde. Am leichtesten würde man wohl auf den großen Flüssen in das Innere des Landes eindringen können. Dazu gehört aber in erster Linie Geld, das für derartige Zwecke nie zu haben war.

Die besten Wasserwege bieten der Kaiserin-Augusta-Fluß, der etwa 700 km, und der Ramu, der bis 450 km schiffbar ist. Ferner sind der Gogol-, der Herkules-, der Markham- und der Marienfluß zu nennen. Die drei ersteren führen das ganze Jahr hindurch gewaltige Wassermengen. Dagegen sind die anderen in der Trockenzeit teilweise versiegt und verwandeln sich nur in der Regenzeit in reißende Ströme, die in einer einzigen Nacht wohl 8 - 10 Meter hoch steigen und dann alles, was sich ihnen entgegenstellt, mit sich reißen. Die Überbrückung dieser Flüsse muß unbedingt ohne Stütze im Flußbett erfolgen, weil sonst ein Einsturz der Brücke die Folge sein würde. Ich habe es erlebt, daß eine Brücke über den Marienfluß, die zur Hälfte fertiggestellt war, in einer einzigen Nacht samt den 1000 kg schweren Rammbären fortgeschwemmt wurde und nichts wieder zum Vorschein gekommen ist, trotzdem gewaltige, zwanzig Meter lange Stämme eingerammt und stark verstrebt waren!

Es war mir vergönnt, an einer Fahrt des Regierungsdampfers „Seestern" teilzunehmen, der den Kaiserin-Augusta-Fluß stromaufwärts befuhr. Bevor der „Seestern" die Mündung erreichte, hatte er die vorgelagerte große Barre zu passieren; das ging ohne Unfall vonstatten. Bei Einfahrt in die Mündung, die ca. 1000 Meter breit ist, begannen jedoch die Schwierigkeiten der Steuerung, denn über die Tiefe des Stromes war nichts bekannt. Es wurde daher fortgesetzt gelotet, und das Schiff kam nur langsam vorwärts. Während der Fahrt mußten wir wiederholt starken Baumstämmen ausweichen, die mit großer Geschwindigkeit stromabwärts trieb. Dank der Umsicht des Kapitäns und seiner Offiziere wurde das Schiff langsam aber sicher stromaufwärts geführt. Die beiderseitigen Ufer sind dicht mit Rafia- und Sagopalmen bewachsen. Hiernach zu urteilen, müssen die Ufer von einem ziemlich breiten Sumpfrande eingefaßt sein. Sie werden überragt von dem dahinter beginnenden Urwald mit seinen Riesenbäumen. Nach einer mehrstündigen Fahrt, ca. 180 km stromaufwärts, ging der „Seestern" vor Anker. Hier war der Fluß noch etwa 500 Meter breit. Während der Fahrt hatten wir mit Ausnahme einiger Vögel noch kein einziges Lebewesen angetroffen. Als aber das Schiff festlag, tauchten am linken Uferrande einige Kanus auf, deren Insassen jedoch nicht den Mut fanden, näherzukommen. Ein Boot, das gleich nach dem Ankern eine kleine Erkundungsfahrt ans jenseitige Ufer unternommen hatte, kam nach einigen Stunden zurück, ohne auf menschliche Niederlassungen gestoßen zu sein. Da für eine größere Expedition die Zeit fehlte, beschloß der Kapitän Ankerauf zu geben, um noch vor Sonnenuntergang die See wieder zu erreichen, was nach einigen Stunden ohne Unfall gelang.

Die etwa 800 km lange Küste ist reich gegliedert und im Mündungsgebiet der größeren Flüsse flach und z.T. sumpfig. Die Küste ist von einer fast ununterbrochenen Kette kleiner, bewaldeter Koralleninseln umsäumt. In einem weiteren Abstande sind ihr noch eine größere Anzahl größerer Inseln vorgelagert, von denen einige vulkanischen Ursprungs sind und z.T. noch tätige Vulkane aufweisen.

Bei meinem Aufenthalt in Potsdamhafen hatte ich das Vergnügen, einen Ausbruchs des Vulkans auf der Karkarinsel zu beobachten, die dem Platze auf ein einige Kilometer gegenüberliegt. Es war in den Abendstunden. Ich saß mit meinem Gastgeber, dessen Haus auf einem Hügel von etwa 50 Meter Höhe gelegen ist, gemütlich auf der Veranda, als plötzlich eine gewaltige Feuersäule aus dem Krater mehrere hundert Meter emporgeschleudert wurde und dann in einem riesigen Feuerstrom den Berg herabfloß. Kurze Zeit darauf trug freilich der Wind gewaltige Aschenmassen zu uns herüber; das war natürlich weniger angenehm und zwang uns, ins Haus zu flüchten.

Die Inseln sind sämtlich bewohnt und zeichnen sich ebenfalls durch außerordentlich üppigen Pflanzenwuchs aus, an welchem die Kokospalme einen hervorragenden Anteil hat.

Mein Aufenthalt in Potsdamhafen hatte einen dienstlichen Grund. Ich hatte von dem Bezirksamtmann den Auftrag erhalten, sechs aus der dortigen Gegend stammende Eingeborene zu verhaften, die im Jahre 1904 in Friedrich-Wilhelms-Hafen als Polizeisoldaten eingetreten, aber später entflohen waren. Obendrein hatten die Deserteure auf dem Wege in ihre Heimat in verschiedenen Dörfern Unheil angerichtet. Sie hatten die Einwohner bestohlen, sich an den Weibern vergriffen und auch sonst noch allerhand gesetzwidrige Handlungen verübt. Die Folge davon war, daß die betroffenen Bewohner beim Bezirksamtmann in Friedrich-Wilhelms-Hafen Klage gegen die sechs Flüchtlinge erhoben. Die mir gestellte Aufgabe war nur durch ein Überlisten der betroffenen Eingeborenen zu lösen. Sie gingen aber arglos in die Falle, da seit der Flucht bereits zwei Jahre verflossen waren. Die Begebenheit trug sich folgendermaßen zu: Nach eingehender Unterweisung meiner zwölf eingeborenen Polizeisoldaten, die mit dem Karabiner Modell 71 ausgerüstet waren, begab ich mich eines Morgens in Begleitung meines Gastgebers in das betreffende Dorf, um erst einmal festzustellen, ob die in Frage kommenden Eingeborenen sich überhaupt noch dort befänden. Um keinen Verdacht zu erregen, ließ ich den Dorfältesten kommen und teilte ihm mit, daß ich vom Bezirksamtmann von Madang (Friedrich-Wilhelms-Hafen) beauftragt sei, in Begleitung der Dorfbewohner unter seiner Führung einen Streifzug gegen ihre Feinde zu unternehmen, die dauernd in der dortigen Gegend den Frieden störten. Besonders käme es mir aber darauf an, daß sich auch die früheren sechs Polizeisoldaten, die ich zur Verstärkung meiner Truppe mit Karabinern ausrüsten wollte, an dem Zuge beteiligten.

Der Häuptling sagte zu. Es wurde sodann verabredet, daß sich sämtliche Krieger am nächsten Morgen auf der Station einzufinden hätten, um dort einen Kriegsplan zu entwerfen. Der Häuptling ging auf alles ein, und man sah es ihm an, daß er sich riesig auf dieses Unternehmen freute. Er versprach noch, mit seinen Leuten pünktlich zur Stelle zu sein.

An dem darauffolgenden Morgen erklärte ich nochmals meinen Untergebenen ihre Aufgabe, und als dann pünktlich fast die ganze Dorfbewohnerschaft – es waren wohl an 80 – 100 Männer in Kriegsschmuck – oben vor dem Hause eintraf, bewaffnet mit Speeren, Keulen, Bogen und Pfeilen, da zweifelte ich doch beinahe am Gelingen meines Planes. Dieser war folgendermaßen festgelegt: Nachdem wir uns über den einzuschlagenden Weg verständigt hatten, ließ ich die sechs anwesenden ehemaligen Polizeisoldaten so mit antreten, daß hinter jedem von ihnen einer von meinen Leuten stand, und zwar bereit, auf einen Wink von mir zuzugreifen. Nun händigte ich den sechs Deserteuren je einen Karabiner aus und wandte mich dem Innern des Hauses zu, um für diese sechs noch die scharfen Patronen zu holen. Als ich mich wieder der Truppe zuwandte, ließ ich die Abteilung stillstehen und übte mit ihr noch einige Gewehrgriffe, um damit noch den letzten Verdacht der sechs Leute zu verscheuchen. Alles klappte wie am Schnürchen. Jetzt kam der Moment, wo auf mein verabredetes Zeichen meine Leute zufassen sollten. Ich ging die Treppe des Hauses hinunter. Die sechs Leute sahen nur auf die in meiner Hand befindlichen Patronen. Auf der untersten Stufe angelangt, hob ich plötzlich meinen rechten Arm in die Höhe. Auf dieses Zeichen umschlang jeder hinter den sechs Flüchtlingen stehende Polizeisoldat seinen Mann. Unter heftiger Gegenwehr wurden alle sechs überwältigt. Zu derselben Zeit hatten vier von meinen Soldaten ihre Gewehre im Anschlag und standen den übrigen Eingeborenen gegenüber, um diese in Schach zu halten. Aber die Papuas dachten nicht an Widerstand; als sie sahen, was vorging, warfen sie ihre Waffen fort und rasten unter großem Geschrei den Berg hinunter, sich im Gedränge noch überschlagend, denn jeder wollte als erster verschwinden. In kurzer Zeit waren sie unseren Blicken entschwunden. Ich war mit dem Gelingen meines Planes zufrieden, hatten wir doch auf diese Weise die betreffenden Leute ohne Blutvergießen in unsere Hände bekommen. In Friedrich-Wilhelms-Hafen erhielt jeder einige Monate Zwangsarbeit. Nach Verbüßung dieser Strafe wurden sie wieder in ihre Heimat entlassen.

Hat die korallenartige Küstenformation auch mancherlei Nachteile, so verdankt ihr doch andererseits Neuguinea seine vielen guten und natürlichen Häfen. Hier ist in erster Linie Friedrich-Wilhelms-Hafen in der Astrolabebai zu nennen. Der Hafen ist eine tief sich ins Land hinein erstreckende Bucht, deren Tiefe durchschnittlich 20 – 30 Meter beträgt. Die Hafenanlagen bestehen aus einem großen Pier. An diesem sind noch 14 Meter tiefes Wasser vorhanden, wodurch es ermöglicht wird, daß auch die größten Dampfer direkt am Pier anlegen können, und das Ladegeschäft ohne Hilfe von Leichtern vor sich gehen kann. Gleich anschließend an den Pier folgen die Lagerschuppen und Verwaltungsgebäude der Neuguinea-Kompagnie. Von diesen und dem Vorwerk Jomba führen Feldbahngleise direkt zum Pier, so daß die Erzeugnisse in ganz kurzer Zeit vom Dampfer aufgenommen werden können.

Die klimatischen Verhältnisse unserer ehemaligen Kolonie sind noch nicht genügend erforscht. Die mittlere Jahrestemperatur an der Küste beträgt etwa 26 Gr. C., die durchschnittliche Tagestemperatur erreicht 30 Gr. C.; in der Nacht sinkt das Thermometer auf durchschnittlich 22 Gr. C. Die mittleren Jahresschwankungen liegen etwa zwischen 35 Gr. und 19 Gr. C. Im Tiefland hinter dem Randgebirge sind die Durchschnittstemperaturen im Mittel auch nicht wesentlich höher. Dagegen herrschen in den verschiedenen Höhenlagen ganz andere Temperaturen. Schon in einer Höhe von nicht ganz 100 Metern sinkt die Temperatur des Nachts bis auf 17 und 18 Gr. C. Auf dem ca. 1000 Meter hohen Sattelberg (bei Finschhafen im Huongolf), auf der die evangelische Neuen-Dettelsauer Mission ihre Wohnhäuser erbaut hat, fällt die Temperatur derart, daß die Zimmer in den Abendstunden geheizt werden müssen. Diese malariafreie Station wird daher auch vielfach von den in

Kaiser-Wilhelms-Land lebenden Europäern als Erholungsort aufgesucht.

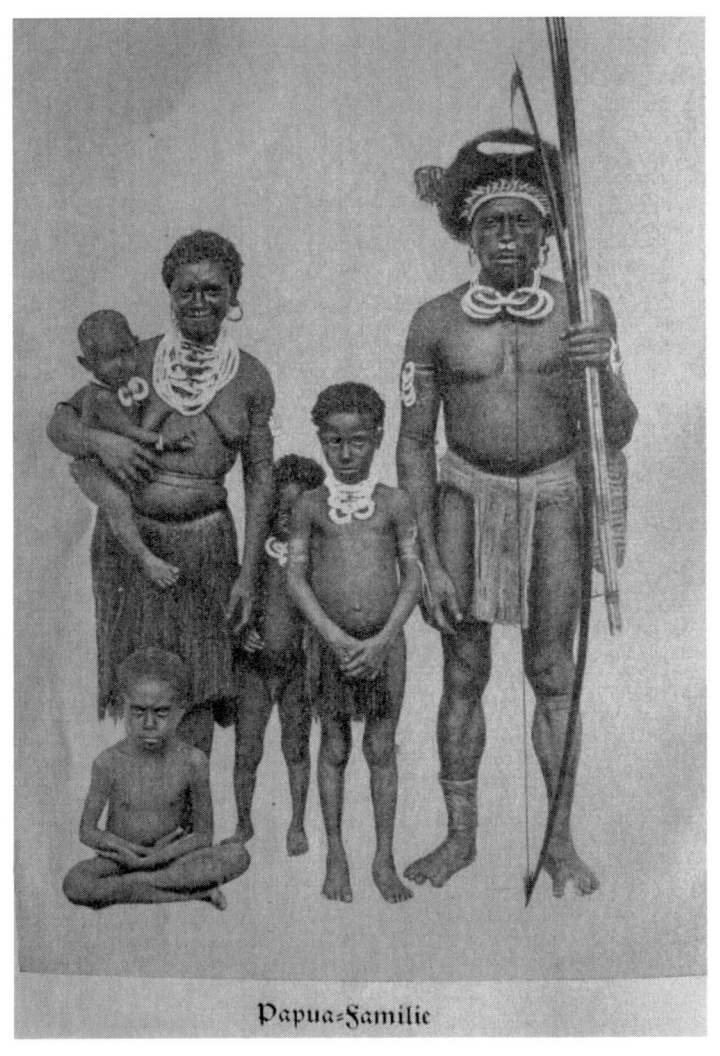

Papua=Familie

Die am Tage ständig herrschende Hitze wird durch die das ganze Jahr hindurch wehenden Winde angenehm gemildert, und zwar von Mai bis Oktober durch den Südwestpassat und in der anderen Jahreshälfte durch den Nordwestmonsum. Hinzu kommt noch des Abends und Nachts eine angenehm wirkende Landbrise. Trocken- und Regenzeit sind in ihrem Übergang nicht scharf ausgeprägt und in den verschiedenen Teilen des Landes zeitlich recht verschieden. Eine Eigentümlichkeit habe ich aber in Friedrich-Wilhelms-Hafen beobachtet: daß es während der Regenzeit fast niemals am Tage regnet. Recht verschieden sind auch die Niederschlagshöhen im Jahresmittel; Potsdamhafen, nördlich von Friedrich-Wilhelms-Hafen, hat 1700 mm, die am weitesten östlich gelegenen Tami-Inseln zeigen dagegen 6430 mm Regenmenge (Deutschland außerhalb der Gebirge rund 600 mm).

In gesundheitlicher Beziehung teilt Kaiser-Wilhelm-Land das Schicksal aller rein tropischen Kolonien. Am häufigsten tritt Malaria auf, seltener Dysenterie (Ruhr). Die Fieberherde liegen in der Übergangszeit namentlich in den Küstenniederungen mit ihren undurchdringlichen Mangrovesümpfen. Das Hochland im Innern der Kolonie dagegen dürfte ungleich gesünder sein. Nach meinen Erfahrungen ist für den Europäer ein Aufenthalt von drei bis vier Jahren kaum gesundheitsschädlich, wenn übermäßiger Alkoholgenuß vermieden wird. Es ist in den verflossenen Jahren bis zum Ausbruch des Krieges in gesundheitlicher Beziehung von der Verwaltung so viel getan worden (Trockenlegung von in der Nähe der Niederlassungen befindlichen Sümpfen, Herausgabe von Verordnungen seitens des Gouvernements über die Reinhaltung der Umgebungen von Eingeborenenwohnungen u. dergl. m.), daß die Moskitoplage auf ein geringes Maß herabgedrückt worden ist. Zu meiner Zeit war es freilich noch unmöglich, sich des Abends ohne Moskitoschutz auf der Veranda aufzuhalten. In der ersten Zeit meines Aufenthaltes sind zahlreiche Europäer dem gefürchteten Schwarzwasserfieber erlegen. Es tritt ganz plötzlich auf und ist an dem blutigen Urin zu erkennen.

Nach einjährigem Aufenthalt in der Kolonie habe ich trotz regelmäßigen Chininnehmens einen schweren Schwarzwasserfieberanfall durchgemacht. Am 3. August 1906 hatte ich in der Frühe um ½ 6 Uhr 1 g Chinin genommen, zur Sicherheit auch noch meine Temperatur gemessen und festgestellt, daß ich fieberfrei war. Von sechs bis acht Uhr exerzierte ich mit der Truppe und ging dann zum Frühstück, welches ich noch mit großem Appetit verzehrte. Eine halbe Stunde später begab ich mich zum Bezirksamt, das fünf Minuten von meiner Wohnung entfernt lag. Da stellte ich beim Austreten Blut im Urin fest. Ich begab mich auf Anraten eines Beamten sofort zum Arzt, der sich gerade auf dem zur Zeit noch am Pier befindlichen Postdampfer befand, und unterrichtete diesen von meinem Zustand. Der Arzt schickte mich sofort nach Hause und versprach, gleich nachzukommen. In meiner Wohnung angekommen, legte ich mich sogleich ins Bett, fühlte mich aber noch ganz wohl. Kurze Zeit darauf erschien der Arzt und stellte Schwarzwasserfieber fest. Ich wurde nun ins Hospital geschafft. Hier packte man mich ins Bett, gab mir viel Tee mit Zitrone und später auch eine halbe Flasche Sekt zu trinken, um die Nieren in Tätigkeit zu erhalten. Es ist eine Hauptbedingung bei dieser Krankheit, daß man dem Kranken viel Flüssigkeit in Form von Tee, Sodawasser oder leichten alkoholischen Getränken zuführt. Der Erfolg bei mir blieb aus; denn unter ungeheuren Schmerzen im Magen mußte ich nach jedem Trunk alles wieder von mir geben, und der Blutverlust wurde immer größer. Auch Medizin, die mir eingeflößt wurde, und Eisstückchen, die ich schlucken mußte, hatten keinen Erfolg. Um den Blutverlust einigermaßen wieder zu ersetzen, wurde mir am Nachmittag eine auf 40 Grad C. erhitzte Kochsalzlösung unter die Brusthaut gespritzt. Dieser Vorgang war mit großen Schmerzen verbunden und hatte meinem Widerstand fast den Rest gegeben; ich lag wie ein Toter da. So vergingen die Stunden. Der Arzt versuchte immer wieder, mir etwas Flüssigkeit einzuflößen, ich wehrte mich aber heftig dagegen; trotzdem zwang er mich, wenigstens etwas zu nehmen. Besser wurde es freilich nicht. Als der Arzt kaum noch Hoffnung hatte, mich durchzubringen, kam er gegen Mitternacht auf den Gedanken, noch einen Versuch mit Glühwein zu machen. Leider (oder war es Glück?) war ein Tropfen Rotwein im Hospital vorhanden. Diesem Umstand verdanke ich vielleicht meine Rettung, denn er brachte den Arzt auf den Gedanken, es mit hellem Lagerbier zu versuchen. Er kochte eine Flasche mit Schwarzbrot auf und gab mir diese Mischung zu trinken. Und siehe da, es half! Wenn ich auch ab und zu noch etwas ausbrach, so behielt ich doch einen Teil bei mir, und dieser hielt die Nieren in Tätigkeit. Schon nach etwa drei Stunden, gegen 4 Uhr morgens, trat eine Besserung ein, und vier Stunden später war die Macht der Krankheit gebrochen. Der Anfall hatte genau 24 Stunden gedauert, und ich hatte ihn glücklich überstanden, hatte aber in dieser Zeit zwei Liter reines Blut verloren. Ich habe es erlebt, daß Europäer innerhalb 22 bis 24 Stunden gestorben sind. Ein sicheres Mittel gegen diese Krankheit gibt es noch nicht, jedenfalls soll man beim Chininnehmen recht vorsichtig sein.

Am meisten haben die Eingeborenen unter Hautkrankheiten zu leiden (Ringwurm, Kaskas, Krätze u.a.m.). Es ist sehr schwer, hier Abhilfe zu schaffen, da die Papuas noch kein rechtes Vertrauen zu unserer ärztlichen Kunst haben. Es ist daher auch schwierig, sie zum Aufsuchen des

Arztes zu bewegen. Das gilt in erster Linie von den im Innern der Insel lebenden Bewohnern. Ich habe dort Dörfer besucht, in denen viele Männer, Frauen und Kinder mit schweren offenen Wunden lebten, die ohne jeglichen Verband waren. Manchmal hatten sich die Wunden schon bis auf den Knochen durchgefressen. Die Armen waren nicht zu bewegen, den Arzt in Friedrich-Wilhelms-Hafen aufzusuchen. Ihre Angst vor den Europäern auf der Station war zu groß. Sie fürchteten, daß ihnen da der Kopf abgeschnitten würde. Unter den Küstenbewohnern ist schon eine Besserung eingetreten, weil hier die Europäer (Regierung, Missionen und Pflanzungen) viel Gutes geleistet haben.

Kaiser-Wilhelms-Land ist ein rein tropisches Gebiet, und dem feuchtwarmen Klima entsprechend ist der Pflanzenwuchs überaus üppig. Bis zu 1000 Meter Höhe ist fast das ganze Land mit einem herrlichen, dichten Urwald bewachsen, durch den nur hier und da schmale, in tollen Windungen kreuz und quer laufende Eingeborenenpfade führen und in dem man abseits vom Wege ohne Messer und Axt kaum einige Schritte vorzudringen vermag. Im Gebirge findet man häufiger Laubhochwald, der des Unterholzes entbehrt und dessen Stämme bis zu 50 Meter und mehr kerzengerade emporragen. In den Schluchten, Lichtungen und an den Waldrändern erblickt man die eigenartigsten Pflanzenformen, herrliche Farnbäume, die verschiedenartigsten Palmen, großblättrige, wilde Bananen u. dgl. Neuguinea ist ein wunderbares Fleckchen Erde, das seinen Namen „Perle der Südsee" wohl verdient. Wer nur die gemäßigte Zone kennt, wird sich kaum eine richtige Vorstellung von diesem Lande machen können. Zu erwähnen sind: Kokos-, Sago- und Aretopalme, der Brotfruchtbaum, Kasuarine, Rotang (das Material unseres dortigen Stuhlgeflechts), die ausgezeichnetes Luxusholz liefernden drei Baumarten Calophyllum, Afzelia und Cordin; ferner Kautschuklianen (Ficus, Paramera), Muskatnuß- und Gewürznelkenbaum, Bambus, Zuckerrohr u.a.m.

Die Eingeborenen bauen hauptsächlich Yams, Taro, Bananen, Kokos, Zuckerrohr und Tabak an. Von den Europäern wird in erster Linie Kokos, Kautschuk (Hevea, Ficus und Kiria), Kakao, Kaffee und Pfeffer angebaut.

Im Gegensatz zur Pflanzenwelt ist das Tierreich nur spärlich vertreten. An Säugetieren finden wir die früher eingeführten, nun aber zum Teil verwilderten Schweine und Hunde und den um 1903/04 von Java eingeführten Rufa-Hirsch; dieser verursachte aber in den Gummipflanzungen derartigen Schaden, daß er zum Abschuß freigegeben wurde;

ferner gibt es noch eine sehr seltene Art des Zwergkänguruhs, sowie eine Baumbärenart, die etwas größer wird als unser Baummarder, sich aber nur von Pflanzen und Früchten ernährt. Zu erwähnen sind ferner noch verschiedene Arten von fliegenden Eichhörnchen und Fledermäusen (der fliegende Hund kommt in großer Zahl vor) und endlich eine große Zahl von Ratten, die sich wohl vorwiegend in der Nähe der Ansiedlungen aufhalten.

Aus der Vogelwelt sind in erster Linie Kasuar, Nashornvogel, zahlreiche Papageien- und Kakaduarten, ferner etwa vierzig Arten von Paradiesvögeln zu erwähnen. Besonders wertvoll und selten ist der auf Neuguinea heimische schwarze Kakadu, der bis heute noch in keinem europäischen zoologischen Garten vertreten ist. Der schwarze Kakadu erreicht die Größe unseres Kolkraben. Sein Gefieder ist tiefblauschwarz. Der Kopf ist rechts und links mit je einem knallroten Fleischlappen von der Größe eines Markstückes verziert. Oben trägt er eine schwarze, etwa 15 cm lange Haube. Als Waffe hat der Vogel einen äußerst großen, sehr scharf gebogenen und sehr spitzen Schnabel. Über seine Lebensweise ist noch sehr wenig bekannt. Jedenfalls tritt er nicht in Scharen auf wie sein weißer Kollege. Den weißen Kakadu trifft man dagegen zu Hunderten an. Sie sind den Kokospflanzungen insofern sehr schädlich, als sie die noch grünen Kokosnüsse anhacken und den Kern herausholen, soweit sie ihn erreichen können. Dadurch geht die Nuß natürlich ein. Sie fressen sogar das Herz der Bäume an, und die Palme stirbt ab. Als einziges Mittel bleibt dem Pflanzer nur der Abschuß.

Die Paradiesvögel sind sehr wertvoll. Im Jahre 1909 betrug der Ausfuhrwert der Bälge 85000 Mark, und im Jahre 1910 erreichte er die Höhe von 182000 Mark. Als ich im August 1905 im Schutzgebiet eintraf, war es nur ein Europäer, der die Jagd auf dies kostbare Wild gewerbsmäßig ausübte, indem er in Begleitung seines Boys und einiger Eingeborenen als Führer die ungeheuren Wälder durchstreifte und unter vielen Strapazen die Vögel schoß. Alle drei bis vier Monate erschien er dann wieder auf der Station, um einen Teil der Beute nach Europa zu senden, den Rest aber an Ort und Stelle zu verkaufen. Mit der Zeit wurden aber die Europäer auf das gute Geschäft, das hier zu machen war, aufmerksam, und bald hielt sich jeder einen Schießjungen. Der Schießjunge bekam eine Schrotflinte, Tabak und allerhand Tauschartikel, womit er die Eingeborenen, die ihm als Führer dienten, bezahlte. So ausgerüstet zog der schwarze Jäger in den Busch. Schon damals hat sich mancher der Herren einen ungeahnten Nebenverdienst verschafft, denn mit der Zeit wurden die Bälge in Europa immer teurer bezahlt. Kurz nach meiner Rückkehr nach Deutschland (1908) erfuhr ich von dem Kollegen, der mich in Friedrich-Wilhelms-Hafen abgelöst hatte, daß er und ein großer Teil der Beamten der Neuguinea-Kompagnie sich dem deutschen Gouvernement gegenüber verpflichtet hätten, sich anzusiedeln und eine bestimmte Anzahl Hektar Land urbar zu machen und mit Kokos, Gummi oder Kakao zu bepflanzen. Als Gegenleistung gestattete ihn das Gouvernement, bis zu sechs Schießjungen zu halten, die die Jagd auf die Paradiesvögel ausüben dürften.

Die Männchen der Paradiesvögel, die allein das herrliche Gefieder ihr eigen nennen, sind sehr leicht mit einem eigenartigen Pfiff heranzulocken. Ihr langes, mit kurzen Unterbrechungen hervorgestoßenes Pfeifen, das am Schlusse schwächer wird, ist sehr leicht nachzuahmen, und man ist erstaunt, wie leicht die Vögel darauf näherkommen. Und doch ist es ein Wunder, daß man so wenige Exemplare in den europäischen zoologischen Gärten vorfindet. Mir ist es ebenfalls nicht gelungen, nur einen einzigen dieser Vögel lebend in meinen Besitz zu bekommen.

Die Großfußhühner tragen große Mengen von Laub und Erde zusammen und lassen durch die sich darin entwickelnde Hitze ihre Eier ausbrüten. Zu nennen wären ferner zahlreiche Taubenarten, Reiher (weiße und graue), Kormorane, Enten, Wildhühner in ungeheuren Mengen und eine schneeweiße Habichtart mit blutrotem Schnabel. Überall schwirrt ein Heer von Insekten und Schmetterlingen, worunter sich seltene Arten befinden.

Neuguinea ist reich an Eidechsen, Schildköten und Schlangen, worunter sich nur wenig giftige befinden. In Meer und Flüssen wimmelt es von zahlreichen genießbaren Fischarten und Krebsen. In den meisten Flüssen findet man das Krokodil. Auf einer Dienstfahrt hatte ich das Glück, eine dieser gefräßigen Bestien durch einen einzigen Schuß zu erlegen und auch in Besitz zu bekommen. In den meisten Fällen, wenn nämlich der Schuß nicht sofort tödlich ist, geht das Tier unter und ist für den Schützen verloren. Sehr häufig findet man sie auf alten Bäumen, die vom Ufer aus über den Wasserspiegel ragen, wo sie träge ihren Mittagsschlaf halten. Trotz ihres anscheinenden Schlafens müssen sie aber doch ein sehr feines Gehör haben, denn sobald man sich in einem Boot dieser luftigen Ruhestelle nähert, lassen sie sich ins Wasser plumpsen und tauchen sofort unter. Das von mir erlegte stattliche Krokodil dagegen muß anscheinend an einem Gehörfehler gelitten haben, denn als ich mit einem Boot den Jombafluß hinauffuhr, fuhr das Boot an der Bestie vorbei, ohne daß sie uns bemerkte. Sie lag mit dem Oberkörper auf einem von großen Krebsen aufgeworfenen Erdhügel am Ufer des Flusses, die Hinterfüße und das Schwanzende dagegen lagen im Wasser. Der Rachen des Tieres war weit aufgesperrt, das gefährliche Gebiß war deutlich zu erkennen. Die Augen waren weit offen, so döste es in den Tag hinein. Bei diesem Anblick ergriff mich das Jagdfieber. Meinen Soldaten hatte ich leise den Befehl gegeben, das Boot behutsam zurück in die Nähe des Krokodils zu rudern, was sofort geschah. Ich kniete am Achterende des Bootes, meinen Karabiner im Anschlag. Als wir auf etwa drei Meter heran waren, zielte ich mitten in den Rachen und gab Feuer. Im selben Augenblick klappte auch der Rachen mit einem gewehrschußähnlichen Lauf zusammen, und gleichzeitig stieß das Boot am Ufer auf. Mit einem Satz sprang ich hinaus, um mir meine Beute nicht entgehen zu lassen. Dieses Vorgehen hätte für mich leicht üble Folgen zeitigen können, denn ich wußte ja noch gar nicht, ob das Tier auch wirklich tot war. Zum Glück hatte der Schuß gut gesessen, wahrscheinlich war er mitten durchs Herz gegangen und der Tod auf der Stelle eingetreten. Ich hatte mich von hinten auf das Tier geworfen und hielt mit beiden Armen seinen Hals umklammert, es rührte und regte sich aber nicht mehr. Nun wurde es ins Boot gezogen, es maß 3,80 Meter und war ein ausgezeichnetes Exemplar. Triumphierend fuhr ich zur Station zurück; war ich doch der erste Europäer, der ein derartiges Tier geschossen und vor allen Dingen auch bekommen hatte. Beim Abziehen des Felles, das eine fürchterliche Arbeit war, entdeckten wir im Schädel des Krokodils eine platt gedrückte Bleikugel, das Tier war also schon einmal angeschossen worden. Vielleicht war das der Grund seiner Schwerhörigkeit.

Wie ungeheuer fischreich die See ist, darüber wird sich der Leser kaum eine Vorstellung machen können. Um unserer fünfzig Mann starken Polizeitruppe und den fünfzig Arbeitern auch einmal den Genuß von Fischen zu ermöglichen, ließ ich aus Drahtgeflecht eine Fischreuse von 6 Metern Länge und 3 Metern im Durchmesser anfertigen, die in dem Zugang eines in der Nähe der Station gelegenen Kriks ausgelegt wurde. Der Zugang wurde durch Drahtgeflecht vollständig abgesperrt, so daß bei eintretender Ebbe und Flut der Weg nur noch durch die Reuse ging; auf das Ergebnis war ich gespannt. Am nächsten Morgen kamen mir schon die Soldaten mit großem Geschrei entgegen und erzählten, daß sich eine Unmenge Fische in der Reuse befänden. Ich ließ die Reuse herausholen und war hocherfreut über den Fang. Da gab es alle möglichen Arten zu sehen, zum Teil sehr seltene, in allen Regenbogenfarben schillernde Sorten. Auch eine Rochenart befand sich unter ihnen. Einige Fische maßen einen Meter im Quadrat! Diese Rochen haben einen ziemlich langen Schwanz und einen etwa 50 cm langen gezähnten Stachel, der als Waffe genutzt wird und nach Angabe der Soldaten sehr giftig sein soll. Die Fische waren aber genießbar, und ich konnte für diesen Tag nicht nur die Soldaten und Arbeiter damit verpflegen, sondern auch einige zwanzig Europäer konnten sich daran gütlich tun. Auf diese Weise habe ich dann täglich die Station mit Fischen versorgt. Europäer und Eingeborene waren mir sehr dankbar dafür.

Eine gefährlichere Art des Fischfangs ist dagegen das Schießen der Fische mit Dynamit. Da seitens des Gouvernements die Benutzung des Dynamits gegen Zahlung einer Gebühr erlaubt war, benutzten die an der Küste vereinzelt lebenden Chinesen diesen Sprengstoff zum Fischfang. Die Dynamitpatronen, die in den Niederlassungen gegen Vorzeigung eines Scheines zur Ausgabe gelangten, an Eingeborene durften sie jedoch nicht verkauft werden, haben eine Länge von etwa zehn Zentimetern. Sie werden in der Mitte durchgeschnitten und so verdoppelt. Nun wird eine kupferne Zündkapsel auf das eine Ende gedrückt, die Patrone mehrere Male mit Papier umwickelt und, um sie schneller zum Sinken zu bringen, noch mit einem Stückchen Stein oder auch einem Nage beschwert, und alles fest mit einem Bindfaden umschnürt. Dann steckt man ein Endchen Zündschnur von 20 bis 30 cm Länge in die Zündkapsel, schneidet das obere Ende der Schnur etwas an, damit der Zündstoff schneller Feuer fangen kann, und die Patrone ist fertig zum Gebrauch. Mit mehreren Patronen ausgerüstet, fahren die Chinesen mit ihren Kanus hinaus auf die Riffe. Da sich dort immer sehr viel Fische aufhalten, erlegen sie manchmal mit einem einzigen Schuß zwei, drei und auch mehr Zentner.

Überhaupt haben die Eingeborenen vor Schlangen besonders große Furcht, trotzdem habe ich von Todesfällen durch Schlangenbisse nie etwas gehört, auch selten größere Schlangen gesehen. Nur einmal, als ich wegen Malaria im Krankenhaus lag, erlebte ich es, daß unser Regierungsarzt Dr. Runge, der uns noch nachts einen Besuch abstattete, eine Schlange von vier Metern Länge in seinem Hühnerstall mit seinen Händen griff. Sie hatte sich durch eine der Drahtmaschen hindurch gewunden, um eins der Hühner zu verzehren. Auf das Geschrei des Geflügels eilten wir zum Hühnerstall, wo wir die Schlange gerade dabei betrafen, wie sie im Begriff war, ein Huhn zu verschlingen. Der

Arzt ging in die Umzäunung, die Schlange versuchte zu entfliehen, blieb aber in einer Drahtmasche sitzen. Nun griff der Arzt zu, und zwar kurz hinter den Kopf und zog sie heraus. Die Schlange wand sich nun gleich um den Doktor, und so gingen wir zum Hospital zurück. Hier wickelten wir sie von Arzt los und packten sie in eine leere Mehlbüchse, vergaßen aber den Deckel zu beschweren. Als wir am anderen Morgen nachsehen, war sie uns zum Leidwesen unseres Doktors entwischt.

Eine noch weit größere Angst haben die Eingeborenen vor den Hyänen des Meeres, den Haien. Der Hai tritt auch ab und zu in den dortigen Gewässern auf. So gelang es der Mannschaft des Kompagniedampfers „Siar", ein solches Untier vom Dampfer aus im Hafen von Kaiser-Wilhelms-Hafen mit der Haiangel zu fangen. Neben diesen Menschenfressern gibt es auch noch kleinere Arten, die sogenannten Katzenhaie.

Im Schutzgebiet kommen auch Riesenschildkröten vor, deren Panzer aber leider nur ganz dünnes Schildpatt trägt, das zur Verarbeitung ungeeignet ist. Auf einer Expedition nach der Pommernbucht im Norden des Schutzgebietes, wozu wir unsere Motorpinasse benutzten, gelang es unseren Eingeborenen eine dieser Riesenkröten zu fangen. Als wir eines Morgens dicht unter der Küste landen wollten, entdeckten unsere Leute plötzlich im Wasser zwei Riesenschildkröten, die in ihrem Liebestaumel das Herannahen unseres Bootes nicht bemerkt hatten. Ich kam auf den Einfall, vielleicht eines der Tiere lebend zu fangen. Dem Maschinisten, einem Chinesen, hatte ich den Befehl gegeben, ja nicht den Motor anspringen zu lassen, da sonst die Tiere verscheucht würden. Als wir ihnen schon ganz nahe waren – ich hielt eine Schlinge bereit, um sie einem der Tiere um den Kopf zu legen - , ertönte plötzlich ein scharfer Knall, der Motor war angesprungen, und im selben Augenblick fuhren die beiden Tiere auseinander und verschwanden in der Tiefe des Ozeans.

Einen besseren Erfolg hatten wir nach unserer Landung. Es gelang, eines der Tiere zu überraschen, als es gerade dabei war, seine Eier in den heißen Sand am Strande zu legen, die dann von der Sonne ausgebrütet werden. Die Eingeborenen, mit großen Knütteln bewaffnet, näherten sich vorsichtig der Stelle, wo das Tier sein Brutgeschäft ausübte, und drehten es mit den Knütteln auf den Rücken, so daß es nicht mehr entfliehen konnte. Es war ein mächtiges Tier, etwa 1,50 Meter lang und 1,20 Meter breit. Das Gewicht schätzten der Bezirksamtmann und ich auf mindestens 2 bis 2 1/2 Zentner, und die Eingeborenen hatten ihre Last, es fortzuschaffen. Am Nachmittag wurde Rast gemacht. Das Tier wurde getötet und ausgenommen. Hunderte von Eiern trug es bei sich, so groß wie unsere Hühnereier, nur fehlte das Eiweiß, es war nur Dotter vorhanden. Die ausschlüpfenden Jungen sind sich selbst überlassen. Die Schildkröte war uns eine willkommene Beute. Die Eingeborenen machten sich gleich über das Fleisch und die Eier her, und auch wir Europäer haben uns eine Mahlzeit Schildkrötensuppe gut schmecken lassen.

Die Bewohner von Kaiser-Wilhelms-Land sind melanesische Völker, Papua, von denen bis heute aber nur die Küstenstämme etwas näher bekannt sind. Trotz der örtlichen Abarten der Bewohner kann man zwei Hauptarten genau unterscheiden: einen Küsten- und einen Bergtypus. Der Küstentypus ist durchweg an der ganzen Küste und auf den ihr vorgelagerten Inseln heimisch. Im Durchschnitt 1,65 Meter groß, ist er hager und graziös; die Arme und Beine sind etwas lang und mager. Der Bergtypus besitzt eine plumpere und gedrungenere Gestalt, ein breites Gesicht und eine kurze breite Stumpfnase. Die Hautfarbe beider Typen ist vorwiegend dunkelbraun, doch sind auch hellere und dunklere Farben vertreten. Das Charakteristischste am Papua ist seine Haartracht, der Stolz eines jeden Mannes. Sie ist so verschiedenartig, daß man an ihr schon die Stammeszugehörigkeit erkennen kann. Zum Beispiel tragen die Bewohner der Astrolabebai eine bienenkorbähnliche Haarkrone, die mit den primitivsten Mitteln, einem Kamm aus Bambus und einem Stück Muscheln, so sauber und kunstvoll zugestutzt ist, daß es, wenn man es nicht mit eigenen Augen gesehen hat, kaum zu glauben ist. In den meisten Fällen ist das Haar dann noch von hinten nach vorn streifenförmig schwarz und rot gefärbt und durch knallrote Blüten und bunte Federn verziert. Als Abschluß dient ein Stirnband aus Hundeeckzähnen, das um die Stirn gebunden wird und den stolzen Besitzer ein recht malerisches Aussehen verleiht. Zur Schonung dieser Frisur bedienen sie sich nachts zum Schlafen eines Schlafbänkchens, wie es die Frauen Japans zum Schutze ihrer Frisur benutzen.

An den Flußmündungen des Kaiserin-Augusta-Flusses und des Ramu lebt ein sehr kriegerischer Stamm, die Warapus, deren Haartracht mich an die Rembrandthüte unserer europäischen Damenwelt erinnert. Ich habe Männer gesehen, deren Haarkrone mindestens 1 Meter im Durchmesser betrug! Auch dienen zur Verzierung des Haares Blumen, bunte Federn und dergleichen. Noch weiter nördlich, in der Nähe von Potsdamhafen, fassen die Eingeborenen ihr Haar nach hinten zu einem Schopf zusammen, der dann in einen Bastzylinder gesteckt wird. Dagegen führen die Eingeborenen im südlichen Schutzgebiet (Huongolf und am Herkulesfluß) neben ihrem gewaltigen Haarschmuck noch ein Stirnband, aus dem Schnabel des Nashornvogel gefertigt, bei dem die oberen Kiefer dieses Vogels reihenweise nebeneinander auf eine Schnur gezogen und dann um die Stirn gebunden getragen werden. Da zu diesem Schmuck nur die größten Oberkiefer, deren durchschnittliche Länge etwa 30 cm beträgt, verwendet werden, kann sich der Leser wohl vorstellen, welch einen erschreckenden Eindruck solch ein Kerl auf einen macht, wenn man ihm zufällig allein im Urwald begegnet.

Zum Schutze gegen die Sonne reiben sich die Eingeborenen mit einem Gemisch von Fett (Kokosöl) und Oker ein. Bei allen Festlichkeiten (Sing-Sing) malen sie sich dann noch rot und schwarz an, so daß die Kerle wie die Teufel aussehen. Auch die Weiber, besonders die jüngeren und unverheirateten, bemalen sich und nehmen regen Anteil an allen Tanzfesten. Tritt dagegen in einer Familie Trauer ein, so färben sie sich ihr Gesicht und Haar schwarz.

Die Kleidung ist dem Klima entsprechend recht primitiv. Die männliche Küsten- und Bergbevölkerung, die ich kennengelernt habe, trägt einen Lendenschurz aus Kokosfasern. Dieser ist mindestens 5 bis 6 Meter lang, bald schmäler, bald breiter und bunt verziert. Er wird mehreremal um die Hüfte geschlungen, zum Schluß zwischen den Beinen hindurchgezogen, und das Ende hängt vorn herunter. Die Weiber tragen eine aus bunten Grasfasern gefertigte Doppelschürze, die vorn bedeutend größer als hinten ist. Im übrigen gehen Männer, Frauen und Kinder nackt. Vollkommen nackt laufen die Bewohner der Humboldtbai, des holländischen Grenzhafens, umher, sie leben noch vollständig in der Steinzeit.

Eine Ausnahme in der Kleidung machen die schon von der Kultur berührten und im Dienst der Europäer stehenden eingeborenen Männer und Frauen; sie tragen durchweg Lendentücher und eine Art Bluse. Aber auch Beinkleider und ganze Anzüge werden nicht verschmäht. Gerade auf Europäerkleider, besonders Männerkleidung, sind diese Eingeborenen der Urwälder versessen. Es ist ein urkomisches Vergnügen, sie am Sonntagmorgen in voller Gala stolz wie ein Spanier auf der Hauptstraße in Friedrich-Wilhelms-Hafen einherstolzieren zu sehen. Da sieht man sie, den einen mit weißer Hose, einen Strohhut auf dem Wollkopf, den Oberkörper unbedeckt und barfuß. Sein Freund, der anscheinend schon reicher ist, hat sich noch ein paar elegante gelbe Schnürstiefel über seine nackten Füße gezogen. Der dritte trägt einen vollständig weißen Anzug, elegante weiße Wäsche und Zylinder; dabei geht er barfuß, die Manschetten um die Fußgelenke tragend! Der vierte im weißen Smoking, elegant vom Scheitel bis zur Sohle, bunte Socken, Lackstiefel, ein kleines Strohhütchen keck in die Stirn gedrückt und dazu einen riesengroßen bunten Sonnenschirm. So wandeln sie gravitätisch und selbstbewußt, die Ton- oder Holzpfeife im Munde, nicht rechts und nicht links blickend, stundenlang auf dem Wege hin und her. Dazu gesellen sich dann die eingeborenen Schönen, aufgeputzt so gut es geht, meistens aber mit einem recht bunten Lendentuch bekleidet, das den unteren Teil des Körpers verdeckt. Den Oberkörper ziert eine kurze bunte Bluse mit kurzen Ärmeln. Die „Damen" gehen meistens barfuß, nur ab und zu sieht man mal eine mit weißen Halbschuhen.

Papua im Tanzschmuck

Viel reichhaltiger als seine Kleidung ist der Schmuck der Papuas. Unter diesem sind wieder besonders die Eber- und Hundeeckzähne die kostbarsten Stücke. Daneben kommen noch allerhand Muscheln und Schildpatt in Form von Ringen und Spangen als Schmuck in Betracht. So tragen vorwiegend die Weiber neben Arm- und Beinringen in ihren

Ohren riesige Ringe aus Schildpatt. Aber auch die Männer tragen fast ausnahmslos Spangen, neben ihnen aber vorzugsweise als Halsschmuck ein Paar vollkommen geschlossene, in sich selbst zurücklaufende Eberhauer, zu dem dann noch das aus Hundeeckzähnen gefertigte Stirnband hinzukommt. Der Preis für solch ein Paar Eberhauer ist ungewöhnlich hoch. Ferner werden die Hauer auch als Zahlmittel beim Weiberkauf verwandt, und wenn sie in den Besitz einer Familie gelangt sind, vererben sie sich vom Vater auf den Sohn.

Eine besondere Pflege verwenden die Eingeborenen (Männer und Frauen) auf ihre durchbohrte Nasenscheidewand und die Nasenflügel, die mit Knochenstäbchen, Vogelfederkielen und dergleichen geschmückt werden. Als Reisekoffer, Tabaksbeutel und auch als Raritätentasche trägt der Papua noch eine netzartig geflochtene Tasche, die zugleich Schmuck- und Gebrauchsgegenstand ist. In solch einer Tasche, entsprechend größer natürlich, tragen die Mütter ihre Kinder mit sich herum, und zwar in der Weise, daß die Tasche von der Stirn herunter auf den Rücken hängt.

Auf den Häuserbau verwenden die Papuas große Sorgfalt. Besonders sind es die Junggesellen- und Versammlungshäuser, die durch ihre eigenartige Malerei und das Schnitzwerk auffallen, sobald man ein Dorf betritt, sie sind Meisterwerke primitiver Baukunst. Infolge der häufigen Regengüsse und des vielen Ungeziefers sind die meisten Häuser auf drei bis zehn Fuß hohen Pfählen gebaut. Ein schräg aufgelegter, stufenartig gekerbter Baumstamm dient ihnen als Treppe. Das Dach und die Wände werden aus den Blättern der Kokospalme gefertigt. Das gesamte Material zum Hausbau liefert der Urwald, und in unglaublich kurzer Zeit wird solch ein Haus ohne jeglichen Nagel aufgebaut und bietet auch gegen das schlechteste Wetter Trutz und Schutz. Als Gegenstück zu diesen eleganten Bauten findet man auch überall recht einfache, hüttenartige Wohnhäuser verschiedener Form vor. Am Huongolf trifft man eigenartige Baumhäuser an, die in den gewaltigen Kronen sehr hoher Bäume errichtet sind und zu denen man nur auf Leitern, die aus Lianen gefertigt sind, hinaufgelangt. Um in ein solch luftiges Schloß hinaufzukommen, muß man schon schwindelfrei sein. Die Hausbewohner kennen so etwas wie Schwindel nicht, sie klettern mit affenartiger Geschwindigkeit, die von riesiger Gewandtheit zeugt, die schwankende Leiter hinauf. Sind alle Bewohner oben, wird die Leiter hochgezogen und sie sind gegen jeden Überfall gesichert. Im Gebiete des Kaiserin-Augusta-Flusses und des Ramus gibt es dagegen noch regelrechte, im Wasser stehende Pfahldörfer. Im Innern des Landes sind die Häuser ähnlich gebaut wie an der Küste, nur fehlt ihnen der vornehme Charakter, der den Häusern der Küstenbewohner eigen ist. Das liegt wohl in der Hauptsache an der armseligen, noch auf der tiefsten Kulturstufe stehenden Bevölkerung.

Der Hausrat der Eingeborenen von Kaiser-Wilhelms-Land ist sehr primitiv. So benutzten sie z.B. Bastdecken oder Rindenstücke als Bettstellen. Am Ramu fand der Forscher Tappenbeck zum Schutze gegen die Moskitos riesige tütenförmige Familienschlafsäcke aus Fasergeflecht im Gebrauch. Koch- und Eßgeschirre werden aus Bambus, Kokosnußschalen, Holz und Ton gefertigt. Auch aus verschiedenartig geformten Kürbissorten werden Gefäße und Büchsen hergestellt. Das Innere des Hauses ist dagegen oft mit einem seltsamen Schmuck von Menschen- und Tierschädeln und Knochen geschmückt.

Die Dörfer, in der Nähe des fischreichen Meeres am dichtesten bevölkert, sind durchweg klein. Größere Dörfer besitzen ein Junggesellenhaus, in dem die unverheirateten Männer wohnen und in dem auch alle Versammlungen und Beratungen abgehalten werden, und das besonders auch zur Aufnahme von etwaigen Gästen dient. Die Versammlungen werden gewöhnlich in den Abendstunden abgehalten. Um die vom Dorfe abwesenden Bewohner herbeizurufen, bedienen sich die Eingeborenen großer Signaltrommeln. Das sind kurz ausgehöhlte Baumstämme, die reich durch Schnitzereien verziert sind und deren dumpfer Klang ungeheuer weit zu hören ist. Auch zu Alarmzwecken werden sie benutzt; es ist erstaunlich, auf welch große Entfernungen die Insulaner sich damit verständigen. Hinter das Geheimnis dieses Trommelsystems ist bisher noch kein Europäer gekommen; selbst den Missionaren, die doch die Sprache verschiedener Stämme beherrschen, ist es nicht gelungen, das Geheimnis zu lüften.

Der Ackerbau bildet neben dem Fischfang die Hauptbeschäftigung der meisten Stämme des Landes. Die Urbarmachung eines Feldes geschieht gemeinsam durch die Männer des Dorfes. Ebenso ist das Roden und Umgraben, das häufig noch mit den primitivsten Mitteln geschieht (hölzerne Spaten und zugespitzte Pfähle) Aufgabe der Männer. Dagegen liegt das Pflanzen und Pflegen des Feldes in den Händen der Weiber. Jede Familie hat ein bestimmtes Feld, das mit einem Zaun aus Zuckerrohr oder Bambus eingefaßt ist. Gepflanzt wird, wie ich schon erwähnte, vorwiegend Yams, Taro, Bananen, Zuckerrohr und Tabak. Yams und Taros sind Erdfrüchte, die viel Ähnlichkeit mit unserer Kartoffel haben und in Ermangelung von Kartoffeln von Europäern vielfach gegessen werden. An Haustieren hält man fast ausschließlich Hühner, Hunde und Schweine. Die beiden letzteren werden vorwiegend als Festbraten sehr geschätzt. Dagegen werden die Hühner, deren Farbe meistens weiß ist, lediglich ihrer Federn wegen gehalten. Und hier sind es besonders die Hähne, deren ausgerupfte Schwanzfedern als Kopfputz verwendet werden. Alles Viehzeug läuft den Tag über im Busch herum und sucht sich dort seine Nahrung, so daß von einer Pflege der Tiere gar keine Rede sein kann. Erst gegen Abend finden die Tiere sich wieder ein, und wenn dann noch etwas von den Mahlzeiten übriggeblieben ist, wird es ihnen hingeworfen.

Im übrigen liefert der Fischfang im Meer und in den Flüssen den Bewohnern die nötige Fleischnahrung in Hülle und Fülle. Das Stellen der Netze und Auslegen der Reusen wird in den meisten Fällen durch Weiber ausgeführt, die darin eine erstaunliche Geschicklichkeit zeigen. Bisweilen werden aber auch die Fische von den Männern mit Speer oder Pfeil und Bogen erlegt, und man muß staunen, mit welcher Gewandtheit sie diese Jagd ausüben. Besonders des Nachts wird dieser Fischfang mit Speeren ausgeübt. Vorn im Kanu steht ein Eingeborener, der einen großen, trockenen Palmenwedel, der lichterloh brennt, immer dichter über der Wasseroberfläche hin und her schwingt. Neben ihm steht ein zweiter Eingeborener mit einem Speer, der vorn an der Spitze fünf bis sechs scharfe Spitzen trägt. Die Fische, die durch den Feuerschein aus der Tiefe herangelockt werden, erscheinen ganz dicht unter der Oberfläche des Wassers, wo sie dann mit größter Geschicklichkeit von dem Speerträger gespeert werden. Auf diese Weise geht es die ganze Nacht durch, und der Erfolg ist erstaunlich. Mit großer Beute kehren die Fischer morgens ins Dorf zurück. Das Auslegen der Fischreusen geschieht, wie gesagt, durch die Weiber, die alle, ohne Ausnahme, geschickte Schwimmerinnen sind. Die Reusen, die aus der Rinde des Bambus gefertigt sind, haben eine Länge von zwei bis drei Metern und einen Durchmesser von zirka einem Meter. Von den Frauen werden diese Reusen aus ihren Kanus heraus auf den Korallenriffen in einer Tiefe von drei bis vier Metern ausgelegt. Hierbei nehmen immer zwei Frauen eine Reuse und tauchen damit unter und befestigen diese an den Korallen. Ich habe es persönlich beobachtet, daß sie beim Auslegen bis zu vier Minuten unter Wasser bleiben, eine wirklich hervorragende Leistung für diese Frauen.

B. Frommund: Deutsch-Neuguinea Anfang des 20. Jahrhunderts

Selten sieht man den Papua ohne Waffen. Nur auf den Stationen ist das Tragen von jeglichen Waffen verboten. Die gebräuchlichsten sind: Speer, Pfeil und Bogen und Schwerter, alle aus Holz gefertigt. Ferner Dolche aus Kasuarknochen. Zum Schutze ihres Körpers bei feindlichen Angriffen tragen sie längliche und runde Holzschilde. In Gegenden, besonders im Innern, die von den Europäern noch wenig oder gar nicht berührt sind, findet man auch häufig noch die Steinaxt. Alle diese Waffen sind durch Schnitzereien reich verziert. In der Gegend des Ramus werden die Speere, die eine Länge von etwa drei bis vier Metern haben, mittels Wurfholzes geschleudert. Alle übrigen Speere haben eine durchschnittliche Länge von sechs bis acht Metern. Der Bogen, flach oder rund, ist gut manneshoch und ebenfalls durch buntes Flechtwerk oder Schnitzerei verziert. Als Sehne dient in den meisten Gegenden des Landes die Rinde des Rotangs; man findet auch Sehnen aus Därmen vor. Die vielfach mit Widerhaken aus Fischgräten oder feinen Knochen versehenen etwa 1 1/2 Meter langen Pfeile sind aus Rohr mit hölzernen Spitze und ungefiedert. Das zu allen diesen Waffen verwendete Holz wird in den meisten Fällen aus dem Stamm der Betelpalme, deren Holz äußerst zähe und hart ist, gewonnen. Zum Glück ist das Schußfeld der Speere nur etwa fünfzig Meter; dagegen schießen einige Stämme mit ihren Pfeilen noch über diese Entfernung hinaus mit ziemlicher Sicherheit. Die Schilde, aus sehr hartem Holz gefertigt, sind mannshohe Längsschilde oder auch große Rundschilde mit einem Durchmesser von etwa einem Meter. Auch hier findet man reiche Schnitzereien oder buntes Flechtwerk vor.

Von den Gewerben, die die Papuas ausüben, verdient besonders die Töpferei der Eingeborenen der Insel Bili-Bili hervorgehoben zu werden. Fast im ganzen Schutzgebiet werden diese Erzeugnisse, die eine regelrechte Fabrikmarke tragen, in schwungvollem Handel abgesetzt. Die Bili-Bili-Leute haben ein Monopol in der Herstellung der Töpferwaren, die sonderbarerweise nur von den Frauen fabriziert werden.

Der Kanubau ist ein Monopol der Bewohner der Insel Siar, in nächster Nähe von Friedrich-Wilhelms-Hafen. Die Schnitzkunst ist bei allen Papuas hoch entwickelt. Meisterhaft verstehen sie es, groteske Götzenbilder und Masken in einer nur den Tropen eigenen phantastischen Ornamentik zu schnitzen. Ihr Werkzeug ist dabei vorwiegend noch denkbar einfach. Man bohrt mit zugespitzten Knochen oder Zähnen, schneidet mit geschärften Muscheln und Bambussplittern, feilt mit stacheliger Fischhaut usw.

B. Frommund: Deutsch-Neuguinea Anfang des 20. Jahrhunderts

Das Hauptgerät ist ein Beil mit Stein- oder Muschelklinge. Als Schaft wird ein starker, knieförmig gebogener Ast verwandt. Die Klinge wird mit Schnüren befestigt, die mit Harz beschmiert sind. Die Schneide steht quer zum Schaft. Erst in jüngerer Zeit, und meist nur an der Küste, werden europäische Werkzeuge gebraucht (Hobel und Bandeisen). Auch die Kanus werden mit den primitivsten Werkzeugen hergestellt. Die Baustoffe liefert der nahe Urwald in Hülle und Fülle. Das Kanu besteht aus einem großen Einbaum mit einem durch Gitterwerk parallel befestigten Baum, der als Ausleger zur Erhöhung des Gleichgewichtes dient. Das Segel besteht aus Mattengeflecht und hat die Form eines auf die Spitze gestellten Rechtecks; es ist nicht reffbar. Der Schnabel der größeren Kanus trägt die „Nationalflagge" des Dorfes in Gestalt eines geschnitzten Vogels, Fisches, Krokodils usw. Außerdem ist der Schnabel oft bunt bemalt und mit reichen Schnitzereien versehen.

Die größten Kanus, mit denen die Eingeborenen ihre oft recht weiten Reisen über See wagen, tragen ein regelrechtes Häuschen, das als Schlaf- und Aufenthaltsraum, aber auch als Stapelraum für allerlei Handelsartikel dient. Neben dem Segel gebraucht man die ein bis zwei Meter langen Paddel zur Fortbewegung. Die Arbeit des Ruderns liegt ausschließlich in den Händen der Weiber, die darin eine außerordentliche Ausdauer und Gewandtheit besitzen. Nur in den seltensten Fällen greift auch der Herr zum Ruder; man sieht, daß es mit der Galanterie nicht besonders weit her ist. Meistens hockt er nichtstuend auf dem Gitterwerk und raucht mit größtem Behagen eine selbstgedrehte Zigarre nach der anderen.

Alle Verträge werden durch gemeinsames Kauen von Betelnüssen und durch Rauchen besiegelt. Die Zigarre wandert dabei im Kreise herum, und jeder nimmt einen gehörigen Zug, wobei der Rauch hörbar eingesaugt und ausgestoßen wird. Alkohol darf laut Gouvernements-Verordnung an Eingeborene nicht abgegeben werden.

Als Zahlungsmittel dient das Neuguinea-Geld, das in Stücken zu 20, 10, 5, 2 und 1 Mark sowie zu 50, 2 und 1 Pfennig im Umlauf war. Es wurde aber schon zu meiner Zeit allmählich eingezogen und dafür die deutsche Reichswährung eingeführt. Das Neuguinea-Geld hatte wegen seiner schönen Prägung, die auf der Vorderseite einen ausgespreizten Paradiesvogel zeigte, einen großen Sammlerwert.

Im Verkehr mit dem Europäer zeigt sich der Eingeborene als geriebener Handelsmann. Natürlich trifft das nur bei denen zu, die schon längere Zeit mit Europäern zu tun haben. Im Innern des Landes und auch an einigen Teilen der Küste ist der Wert des Geldes noch nicht erkannt. Wohl wissen die Eingeborenen, daß sie für geleistete Arbeit bezahlt werden, aber eben die Arbeit paßt ihnen nicht. Da ihnen nichts fehlt, weil die Natur ihnen ihren Lebensbedarf in Hülle und Fülle in den Schoß wirft, ist es schwer, ihnen beizukommen und sie aus ihrer Trägheit aufzurütteln. Erst durch die später eingeführte Kopfsteuer wurden die Eingeborenen gezwungen, sich nach einer lohnenden Beschäftigung umzusehen.

Größere Staatsverbände, wie man sie in Afrika findet, kennt man in Kaiser-Wilhelms-Land nicht. Der Zusammenschluß dürfte nicht über die Familien eines Dorfes hinausgehen; das Gefühl der Dorfgemeinschaften ist dagegen stark entwickelt. Bei Streitigkeiten entscheiden die Ältesten des Dorfes; kommt keine Einigkeit zustande, so zieht der schwächere Teil aus und gründet eine neue Niederlassung.

Der Begriff der Herrschaft und der Machtausübung fehlt diesen noch in einem primitiven Kommunismus lebenden Menschen völlig. Hier hat die Regierung einigen Wandel geschaffen. Sie hat alle Ortschaften, deren Dialekt eine Zusammengehörigkeit erkennen ließ, aufgefordert, einen Mann aus ihrer Mitte zu wählen, der dann als Häuptling eingesetzt wurde. Als äußeres Erkennungszeichen erhielt dieser Würdenträger von der Regierung eine Postmütze und einen Stab mit Metallknopf; hierdurch stiegen sein Stolz und sein Ansehen bei den Stammesgenossen nicht unerheblich. Um sein Ansehen noch zu erhöhen, gab man ihm noch zwei weitere, von der Regierung eingesetzte Männer (Tulltull) zur Seite. Diese Einrichtung hat sich gut bewährt und die Eingeborenen allmählich an die Herrschaft der Häuptlinge und dadurch auch an die der Regierung gewöhnt. Mit der Zeit wird ihnen schon die Überzeugung gekommen sein, daß ihnen von den Europäern nichts zuleide getan wird. Lange hat nämlich unter ihnen die Meinung bestanden, daß sie von uns getötet und dann verspeist werden würden.

Die Zersplitterung in unzählige Dorfverbände hat ihre Ursache in der schier unglaublichen Sprachverwirrung. Fast jedes Dorf in Kaiser-Wilhelms-Land hat seinen eigenen Dialekt, der jedoch schon in einem Umkreis von wenigen Kilometern nicht mehr verstanden wird. Auf unserer ergebnislosen Expedition zum „Roten See" wir an sieben Marschtagen nicht weniger als sieben Dolmetscher in Anspruch nehmen, um uns mit den Eingeborenen verständigen zu können. Im allgemeinen kann man zwei Sprachgebiete unterscheiden zu können. Das papuanische Sprachgebiet umfaßt Neuguinea und die vorgelagerten

B. Frommund: Deutsch-Neuguinea Anfang des 20. Jahrhunderts

Inseln, während das übrige zum melanesischen Gebiet gerechnet wird. Missionar Hoffmann nennt die Sprache der Papuas außerordentlich plastisch und bildreich. So heißt z.B. glauben in der Bogadjim-Sprache: „mit dem Herzen wissen"; jemanden beschämen: „das Lendentuch öffnen"; fleißig sein: „dem Felde eine Mutter sein". In der Astrolabe-Bai kennt man sogar eine Art Gaunersprache. Hier sagt der Papua z.B.: „Mein Haarkamm wackelt", d.h. ich fürchte erwischt zu werden.

Im Verkehr mit dem Europäer bedient sich der Eingeborene des Pidgin-Englisch, das dem in Kamerun gebräuchlichen ähnelt. In der Regierungs- und Missionsschule lernten die Kinder vorzugsweise Deutsch, Rechnen, Lesen und Schreiben. Die Polizeitruppe hörte ausschließlich auf deutsche Kommandos.

Die Polizeitruppe war etwa fünfzig Mann stark und bestand überwiegend aus Eingeborenen des Bismarck-Archipels. Beschäftigt wurden sie hauptsächlich mit Exerzieren und Arbeitsdienst, und zwar morgens von 6 bis 7 Uhr war Infanteriedienst, von 7 bis 8 Uhr Bootsdienst, anschließend bis 11.30 Arbeitsdienst, der auch noch nachmittags von 1 bis 5.30 Uhr betrieben wurde. Ausgerüstet waren die Polizeisoldaten mit dem Gewehr Modell 88 und dem dazugehörigen Seitengewehr. Die Schußwaffen wurden unter Verschluß gehalten und nur zum Dienst ausgegeben. Wöchentlich zweimal gab es Scharfschießen nach den verschiedenen Scheiben, abwechselnd mit dem Gewehr Modell 88 und der Jägerbüchse Modell 71, die nur auf Expeditionen benutzt wurde. An der Spitze der Truppe stand der Bezirksamtmann, die Ausbildung lag in meinen Händen. Es hat mir viel Freude gemacht, die Leute nach unserem Muster auszubilden, und ich darf wohl erwähnen, daß dieses zur vollen Zufriedenheit meiner Vorgesetzten erfolgte. Eine besondere Anerkennung wurde der Truppe und mir im Jahre 1906 zuteil. Ein Hauptmann aus unserem Großen Generalstab, der sich auf einer Inspektionsreise nach Japan befand und bei uns durchkam, hatte es sich nehmen lassen, die Truppe zu besichtigen. Er war des Lobes voll über alles, was er sah. Als im Schluß der Übung ein eingeborener Unteroffizier die Truppe noch einmal vorführte, war er hocherfreut über die Kenntnisse, die dieser Mann bei der Angabe der Kommandos entwickelte.

B. Frommund: Deutsch-Neuguinea Anfang des 20. Jahrhunderts

Die Polizeisoldaten; vorn links der Verfasser, in der Mitte der Bezirksamtmann.

Auf den Expeditionen, die ich mit der Truppe unternehmen mußte, zeigten sich die Leute stets willfährig und gehorsam. Manchmal war ich wochenlang mit ihnen unterwegs. Da das gebirgige Gelände große Anforderungen an ihre Marschfähigkeit stellte, war es nicht immer leicht, sie gefechtsbereit zu halten. Sie kannten jedoch keine Müdigkeit und waren immer bereit, mit mir durch dick und dünn zu gehen. Das darf wohl mit auf die strenge, aber auch gerechte Behandlung zurückzuführen sein, die ihnen zuteil wurde.

Die Religion der Papuas ist ein auf Ahnenkult und Naturbeseelung beruhender Geisterglaube oder besser Gespensterfurcht. Von den Ahnen schnitzte man sich stilisierte Porträts, die göttliches Ansehen genießen. Infolge der Gespensterfurcht wird kein Eingeborener wagen, in der Nacht seine Behausung zu verlassen, außer bei den – leider sehr häufig! – veranstalteten Festlichkeiten, an denen stets mehrere Dorfschaften teilnehmen. Verschönt werden die Feste durch ausgiebige Schmausereien von Schweine- und Hundefleisch, sowie durch Singen und Tanzen mit Trommelbegleitung. Bei loderndem Fackelschein dauern sie von Sonnenuntergang bis zum Morgengrauen. Welche ungeheuren Mengen bei solchen Festen vertilgt werden, ist einfach nicht zu beschreiben. Als alles restlos verzehrt war, begann die Tanzerei von neuem und dauerte bis zum Morgengrauen. Leider kannten die Papuas diese Ausdauer nicht, wenn sie sich als Arbeiter auf den Pflanzungen anwerben ließen.

Über die Begräbnisbräuche der Papuas kann ich nur wenig berichten. Soweit mir bekannt ist, wird die Leiche unter dem Wohnhaus oder ganz in dessen Nähe beerdigt, oft in flachen Gräbern, die mit Steinen bedeckt und mit gebrochenen Töpfen geschmückt werden. In den Berggegenden bringt man dagegen den Leichnam in hockende Stellung, umhüllt ihn mit Bananenblättern und läßt ihn in der Hütte mumifizieren. Im Hinterlande der Astrolabebai sah der Forscher Tappenbeck die Leichen an Stangen zur Mumifizierung im Freien hängen. Daneben waren Lebensmittel aufgestellt. Die Witwe bemalt sich zum Zeichen der Trauer Gesicht und Oberkörper mit schwarzer Farbe; auch das Haar wird während dieser Zeit schwarz gefärbt.

Die geistigen Fähigkeiten der Papuas sind gering; er kann mit Hilfe der Finger und Zehen bis zwanzig zählen. Alles darüber ist „viel". Die Zeitrechnung richtet sich nach Neumond und Yamsernte.

Das Charakterbild der Papuas schwankt sehr in den Berichten der verschiedenen Forscher. Die einen nennen ihn gutmütig und arbeitsam, die anderen diebisch, faul und verlogen. Ich möchte mich dem ersten Urteil anschließen, das ich mir auf Grund meines dreijährigen Aufenthaltes in verschiedenen Gegenden des Landes unter Gebirgs- und Küstenstämmen gebildet habe; bei manchen Völkern habe ich längere Zeit verweilt und sie auf ihre Eigenarten hin geprüft. Wenn es auch viel Zeit, Mühe und Geduld kosten wird, den Papua zum brauchbaren Kolonisten heranzubilden, so kann dies doch, nach meiner Überzeugung, mit Unterstützung des Pflanzers, Kaufmanns und Missionars gelingen.

Die wirtschaftliche Erschließung des Landes ist über Versuche und Anfänge noch nicht herausgekommen. Die Verwaltung unterstand dem im Bismarck-Archipel residierenden Gouverneur von Deutsch-Neuguinea. Bezirksamt und Hauptort von Kaiser-Wilhelms-Land ist Friedrich-Wilhelms-Hafen. Weit im Innern des Landes; stromaufwärts am Kaiserin-Augusta-Land, befand sich noch ein weiteres Bezirksamt. Ferner waren Regierungsstationen errichtet in Eitape (Berlinhafen) und Maobee (Adolfhafen), die gleichzeitig als Grenz- und Zollstationen dienten. Wichtigere Pflanzungen, die sämtlich im Besitz der Deutsch-Neuguinea-Kompagnie waren, sind: Friedrich-Wilhelms-Hafen mit zwei Vorwerken, „Erima" und „Erimahafen" mit Sägewerk und „Konstantinhafen", sämtlich an der Astrolabebai gelegen. Ferner ist „Alexishafen" als Hauptstation der Katholischen Mission mit bedeutendem Sägewerk zu erwähnen. Alle diese Pflanzungen arbeiteten noch vorwiegend mit Eingeborenen des Bismarck-Archipels, nur der kleinere Teil der Arbeiter waren Eingeborene des Landes. In neuerer Zeit hatte aber auch die Anwerbung von Arbeitern in Kaiser-Wilhelms-Land gute Resultate erzielt. Dabei beschränkte sich die Anwerbung vorwiegend auf das Küstengebiet, das einen leidlich guten Arbeiter liefert. Als Aufseher werden vielfach Malaien und Chinesen verwendet; zum größten Teil sind diese aber Handwerker, die auf allen größeren Stationen stets lohnende Beschäftigung finden.

Sehr verdient machten sich auf Kaiser-Wilhelms-Land die Missionen mit ihren Schulen. Zu erwähnen sind: die Rheinische Missionsgesellschaft (Barmen) mit mehreren Stationen und die Missionsanstalt von Neu-Dettelsau (Bayern) mit zahlreichen Stationen, beide sind evangelisch; ferner die „Katholische Missions-Gesellschaft vom Göttlichen Wort" mit drei Stationen.

Die Verbindung zum Mutterland hielt (alle 14 Tage) eine Zweiglinie des Norddeutschen Lloyds (Hongkong – Sidney und zurück), wobei die Dampfer von verschiedenen Häfen des Kaiser-Wilhelms-Landes über Rabaul (Bismarck-Archipel) nach Australien (Sidney) fuhren. Ein zweite Linie fuhr alle 8 Wochen von Singapore zum Kaiser-Wilhelms-Land und Rabaul. Küstendampfer und Pinassen vermittelten den Verkehr zwischen den verschiedenen Stationen. Ausgeführt wurden in erster Linie Kopra, Paradiesvogelbälge, Perlmutter und andere Muschelschalen, Kautschuk, Nüsse und Kakao; eingeführt wurden vornehmlich pflanzliche und tierische Nahrungsmittel, Industrieartikel und Kohle.

Gerd Vonderach

Ehrenamtliches Engagement in ländlichen Museen

Zur ländlichen Lebensqualität und Wohnortattraktivität gehören auch die Lebendigkeit und Vielfältigkeit des Soziallebens, des Vereinswesens und der kulturellen Einrichtungen. Dabei haben im ländlichen Kulturbereich mit seinen vergleichsweise geringeren professionellen Angeboten Freiwilligenarbeit und ehrenamtliches Engagement eine große Bedeutung. Im ländlichen Kulturleben haben auch Museen und museumsähnliche Einrichtungen einen unverzichtbaren Platz. Man findet sie hierzulande überall in großer Zahl und Vielfalt auf dem Lande, insbesondere auch mit zahlreichen Neugründungen in den vergangenen Jahrzehnten. Nur wenige ländliche Museen, etwa große Freilichtmuseen, können dabei aufgrund hoher Besucherzahlen und Eintrittseinnahmen oder staatlicher Finanzierung ausschließlich auf der Grundlage der bezahlten Tätigkeit ihrer Leiter und Mitarbeiter betrieben werden. Die überwiegende Mehrzahl der ländlichen Museen existiert hingegen nur auf der Grundlage oder zumindest mit der unverzichtbaren Hilfe unentgeltlicher ehrenamtlicher oder privater Initiative, Engagementbereitschaft und Arbeitsleistung.

An „Museen" als wertvollen Bestandteilen der deutschen Kulturlandschaft legen Experten anspruchsvolle Maßstäbe einer wissenschaftlichen Konzeption, Sammlung und begleitenden Forschung und einer museumspädagogisch qualifizierten Präsentation und Vermittlung an. Solchen Maßstäben entsprechen – in der Regel – die hauptamtlich-beruflich geleiteten Museen, aber nur einige der ehrenamtlich betriebenen Museen in Teilbereichen ihrer Aktivitäten. Aber auch die anderen Einrichtungen „unterhalb" der normativ engeren Begrifflichkeit „Museum", die als Sammlungen, Heimatstuben und technische Baudenkmale bezeichnet werden, erfüllen vielerorts wertvolle Funktionen für das ländliche Kultur- und Sozialleben.

Für die empirische Sozialforschung war die Tätigkeit von ehrenamtlichen Akteuren in Museen lange Zeit noch weitgehend Neuland. Eine im Jahr 1991 durchgeführte schriftliche Befragung ehrenamtlicher Museumsleiter in Hessen (Zimmer 1996) ergab eine Überalterung der ehrenamtlichen Leitung, die zudem zu 90 Prozent von Männern ausgeübt wurde, außerdem ihre hohe zeitliche Belastung und ihre klare Aufgabenabgrenzung gegenüber den sonstigen Mitarbeitern. In der Schulung der ehrenamtlichen Mitarbeiter, auch um sie auf die Übernahme von Leitungstätigkeiten vorzubereiten, in der Zielgruppenarbeit vor Ort, um neue freiwillig Engagierte zu gewinnen, und in der Einbindung der Museen in das Gemeindeleben monierte die Autorin eklatante Defizite. Eine Befragung der Leiter von neun ländlichen und kleinstädtischen Museen im westlichen Niedersachsen (A.Vonderach 2002) ließ erkennen, dass für den Erfolg ehrenamtlich oder privat betriebener Museen unter anderem ihre Integration in das soziale Umfeld sowie ein großer Trägerverein wichtig sind. Erkennbar waren sowohl Vorteile als auch mögliche Nachteile einer Professionalisierung der Museumsarbeit. Unterschieden wurden unter den Ehrenamtlichen die Museumsgründer, die „Spezialisten" und die nicht spezialisierten Aktiven.

Forschungsstudie in zwölf Museen

Eine von mir geleitete und ausgewertete, mit qualitativen Methoden forschende Studie, die vor vierzehn Jahren durchgeführt wurde (G. Vonderach 2005), stellte sich die Aufgabe, einen differenzierten Einblick in typische Ausprägungen des ehrenamtlichen und freiwilligen Museumsengagements als eines wichtigen Bestandteils des ländlichen Kulturlebens zu ermöglichen. An ausgewählten Fallbeispielen wurden Entstehung, Ausübung und Bedeutsamkeit dieses Engagements in ländlichen Museen untersucht. Dazu erfolgten Fallstudien in zwölf Museen, überwiegend im westlichen Niedersachsen, in einigen Fällen auch in der Lüneburger Heide und im Allgäu. Die Auswahl erfolgte als „qualitatives Sampling" (siehe Kelle/Kluge 1999, S.38-53) unter Berücksichtigung relevanter Merkmale wie der unterschiedlichen Größe und thematischen Ausrichtung der Museen. Für die Zielsetzung einer breiten Fallstreuung wurden vier Gruppen mit jeweils drei Museen bzw. museumsähnlichen Einrichtungen zusammengestellt.

Eine Gruppe bestand aus drei größeren hauptberuflich-professionell geführten und zugleich ehrenamtlich gestützten Museen. Dazu gehört das Kreismuseum Syke des Landkreises Diepholz, das nach längerer ehrenamtlicher Vorgeschichte seit 1989 hauptberuflich geleitet wird. Es präsentiert mit einem Freigelände die früheren ländlich-kleinstädtischen Lebenswelten in der Region und zeigt auch häufig wechselnde Ausstellungen (siehe den Museumsführer von Vogeding 1999). Das Museumsdorf Hösseringen wurde 1975 als Landwirtschaftsmuseum Lüneburger Heide gegründet. Träger ist ein Museumsverein, die finanzielle Absicherung leistet der Landkreis Uelzen. Das Museumsdorf umfasst ein großes Gelände mit zahlreichen translozierten Gebäuden, außerdem werden Sonderausstellungen gezeigt (siehe A. Vonderach 2012). Erst 2002 wurde das in das kleine Bergdorf Diepolz integrierte Allgäuer Bergbauernmuseum eröffnet. Träger ist auch hier ein Museumsverein, während die kleine Stadt Immenstadt den finanziellen Ausgleich leistet (siehe Stamm 2005).

Eine zweite Gruppe besteht aus drei kleineren ausschließlich ehrenamtlich, aber mit professionellen Ansprüchen betriebenen Museen. Das 1992 eröffnete, zum Heimat- und Verschönerungsverein „Oldenburgische Schweiz" gehörende Stadtmuseum Damme veranschaulicht die Entwicklung der im Landkreis Vechta gelegenen kleinen Stadt mit der Präsentation von vier thematischen Schwerpunkten (siehe Friemerding 2005). In dem 1994 in Trägerschaft eines Museumsvereins eröffneten Heimatmuseum Wiefelstede im Landkreis Ammerland werden abwechselnd Ausstellungen zur Alltagsgeschichte und regional ansässiger Künstler gezeigt, außerdem wurden alte Werkstätten lokaler Handwerke errichtet. Das 1987 errichtete Albert-König-Museum in Unterlüß im Landkreis Celle verwaltet und präsentiert, zunächst in kommunaler Trägerschaft, die 2005 von einer Stiftung übernommen wurde, Werke des zeitweilig dort wohnenden Malers und Graphikers; angefügt wurde eine Ausstellung zum historischen regionalen Kieselgurabbau.

Eine weitere Gruppe wurde aus ehrenamtlich betriebenen museumsähnlichen Einrichtungen zusammengestellt. Dazu gehört das 1997 gegründete, vom örtlichen Bürger- und Heimatverein getragene Moor- und Bauernmuseum Benthullen, das aus einer Sammlung landwirtschaftlicher, handwerklicher und häuslicher Geräte und Gegenstände aus der Ortsgeschichte der Moorkolonie südlich von Oldenburg besteht. Mit der auch in der Gemeinde Wardenburg gelegenen alten Ziegelei Westerholt setzt sich ein Förderverein für den Erhalt des Industriedenkmals ein. Die ebenfalls im Landkreis Oldenburg gelegene Heimatstube Ganderkesee ist eine Einrichtung des Orts- und Heimatvereins und präsentiert seit 1995 historische Werkstätten und Läden aus der Gemeinde.

Als vierte Gruppe wurden schließlich auch drei in privater Regie gegründete und geführte Projekte in die Studie einbezogen. Das „Bauernmuseum Rastede" im Landkreis Ammerland umfasst auf einem früheren Bauernhof eine Sammlung der landwirtschaftlichen und ländlichen Sachkultur, die der Initiator dort zusammengetragen hat. Im Landkreis Diepholz entstand im Jahr 1998 das kleine „Dorfmuseum

Henstedt" auf dem Grundstück seiner inzwischen verstorbenen Gründerin, die mit den ausgestellten Gegenständen und insbesondere mit jährlich wechselnden Ausstellungen und Fotodokumentationen die neuere Geschichte ihres Dorfes dokumentierte. In einem angemieteten Gebäude zeigte seit 1997 das (2016 geschlossene) Druckereimuseum Sandkrug im Landkreis Oldenburg wertvolle Geräte und Maschinen aus der Geschichte des Druckereigewerbes, die ihr inzwischen verstorbener Besitzer, ein früherer Schriftsetzer, zusammentrug.

In der Feldforschungsphase wurden die Museen und die dort angetroffenen Tätigkeiten erkundet, forschungsrelevantes Daten- und Schriftmaterial gesichtet sowie offene, leitfadengestützte Expertengespräche mit den Museumsleitern und in einigen Fällen auch mit den Museumsvereinsvorsitzenden und anderen „Experten" geführt. In einigen Museen wurden auch hier nicht referierte lebensgeschichtlich orientierte Gespräche mit Aktiven geführt, die transkribiert und gesondert ausgewertet wurden (G. Vonderach 2006). In verschiedenen Arbeitsschritten wurden Fallstudien für die zwölf Museen erstellt und fallübergreifend gemeinsame und unterschiedliche sowie nach den vier Museumstypen differenzierbare Konstellationen des ehrenamtlichen und privaten Museumsengagements herausgearbeitet. Die Studie diente auch als Grundlage für ein umfangreiches, in Polen konzipiertes und von der EU gefördertes Projekt zur Erforschung des ländlichen Museumswesens in sieben Ländern Europas (siehe A.Kaleta/J.Kaleta 2007).

Ehrenamtliche und private Museumsleiter

Eine herausgehobene Bedeutung für die ländlichen Museen und museumsnahen Einrichtungen haben ihre ehrenamtlichen Leiter. Auch an der Leitung der hier untersuchten hauptberuflich geführten Museen waren zeitweilig ehrenamtlich Aktive beteiligt – vor ihrer Professionalisierung, als Interimslösung oder im Zusammenwirken mit professionellen Leitern. Das Kreismuseum Syke bzw. dessen Vorläufer hatte bis 1989 über vier Jahrzehnte nacheinander zwei Lehrer als ehrenamtliche Leiter, die eher heimatkundlich motiviert waren. Für das Museumsdorf Hösseringen wurde 1977 beim beruflichen Fortgang des ersten Museumsleiters übergangsweise für zwei Jahre ein Studienrat mit der ehrenamtlichen Leitung beauftragt. Für das neu gegründete Allgäuer Bergbauernmuseum war die Fördervereinsvorsitzende, eine Altbäuerin, zugleich die geschäftsführende Museumsleiterin, in Arbeitsteilung mit einer teilzeitangestellten wissenschaftlichen Leiterin. In allen Fällen kam es zu keinen Problemen und Konflikten beim Übergang bzw. Zusammenwirken der ehrenamtlichen und hauptberuflichen Leitung.

Drei andere Museen hatten ehrenamtliche Leiter, die aus einer bildungsbürgerlichen Prägung heraus zumindest mit Teilbereichen des Museumsbetriebs professionelle Ansprüche verbanden. Trotz ihrer Rechenschaftspflicht gegenüber Vereinen bzw. der Gemeinde drückten diese Museumsleiter ihren Museen ihren persönlichen Stempel auf. Das Stadtmuseum Damme wurde von einem Studienrat nach einem ortshistorischen Präsentationskonzept mit ausgewählten Themen gestaltet, sein wichtigster Gesprächspartner auf gleicher „Wellenlänge" war ein befreundeter Oberstudienrat als Vorsitzender des Trägervereins. Im Wiefelsteder „Heimatmuseum" verfolgte ein in einem anderen Museum angestellter (inzwischen verstorbener) Museumspädagoge sein Konzept wechselnder Ausstellungen und überließ anderen ehrenamtlich Aktiven eigene Gestaltungsräume. Für das Unterlüßer Albert-König-Museum realisierte ein Celler Richter und Kunstliebhaber in Nachfolge hauptamtlich angestellter Museumsleiter ein anspruchsvolles Kunstausstellungsprogramm, während andere Ehrenamtliche – ähnlich wie in Damme – eher ausführende Tätigkeiten verrichten. Diese Museumsleiter waren zwar berufstätig, hatten aber für ihr aufwendiges Engagement disponible zeitliche Freiräume.

Drei museumsnahe Einrichtungen wurden in der Trägerschaft örtlicher Vereine und ohne sonderliche kommunale Förderung ehrenamtlich betrieben. Sie erfüllten kaum professionelle museologische Ansprüche, die vielmehr von den maßgeblichen Akteuren als unrealisierbar, unnötig und besucherdistanzierend abgelehnt wurden. Zu ihren selbstdefinierten Aufgaben gehörten neben der Organisation und Gestaltung des Museumsbetriebs auch Besucherführungen. Der Leiter des Moor- und Bauernmuseums Benthullen und die Vereinsvorsitzende der Heimatstube Ganderkesee führten ihre Einrichtungen fast autokratisch, während der Fördervereinsvorsitzende der alten Ziegelei Westerholt von den anderen Vorstandsmitgliedern gleichberechtigt unterstützt wurde. Diese sich bereits im beruflichen Ruhestand befindenden Akteure wurden von eher traditionellen heimatkundlichen und ortsintegrativen Zielvorstellungen geleitet oder folgten ihren technikhistorischen Neigungen.

Noch stärker auf die Person ihrer jeweiligen Leiter, die überwiegend nur auf familiäre Unterstützungsressourcen zurückgreifen konnten, waren die drei untersuchten privaten Museumsprojekte zugeschnitten.

Ihre Betreiber hatten keine bildungsbürgerlichen oder wissenschaftlichen Biographieprägungen als Hintergrund ihrer Museumsaktivität. Vielmehr engagierten sich zwei von ihnen aus ihrer beruflichen Identifikation heraus, so ein ehemaliger Landwirt als Eigentümer des eher eine Sammlung darstellenden Rasteder „Bauernmuseums" und ein ehemaliger Druckereifachmann als Eigentümer des fachqualifiziert präsentierenden Druckereimuseums in Sandkrug. Im Fall des „kleinen Dorfmuseums" in Henstedt betrieb eine (inzwischen verstorbene) bildungsmotivierte Autodidaktin Recherchen und Ausstellungen zur ereignis- und personenzentrierten Dorfgeschichte mit der Intention einer identitätsbewahrenden Erinnerung (siehe G.Vonderach 2010).

Gerade in ehrenamtlich betriebenen ländlichen Museen lag in der Vergangenheit die Initiative und Leitung in der Regel bei Männern der traditionellen Honoratiorenschicht. Das war auch zum Zeitpunkt unserer Studie noch häufig der Fall. Indessen zeigten einige Fallbeispiele, dass dieses „Prinzip" bereits von engagierten Frauen durchbrochen wurde, die in führender Vereinsstellung oder in privater Regie die Initiative ergriffen und die Verantwortung übernommen hatten. Die ehrenamtlichen Museumsleiter befanden sich zur Zeit unserer Studie im fortgeschrittenen bis höheren Lebensalter zwischen 55 und 80 Jahren. Einige hatten im mittleren Lebensalter diese Funktion übernommen, die sie nun bereits längere Zeit wahrnahmen, andere hatten erst im fortgeschrittenen Alter, zum Teil erst seit ihrem nachberuflichen Ruhestand, die Zeit dafür gefunden. Lediglich die ehrenamtlichen Museumsleiter mit museologisch-professionellen Ansprüchen befanden sich damals noch im Berufsleben, das ihnen dafür gewisse Freiräume ermöglichte. Einige ehrenamtliche Museumsleiter befanden sich bereits in einem Alter, in dem die Erörterung ihrer Nachfolge nahe lag, die jedoch erstaunlicherweise in den meisten Fällen noch ungeklärt war. Die Überalterung bei gleichzeitig ungenügend vorhandenem Nachwuchs führungswilliger Personen bedeutet für den ehrenamtlichen Betrieb mancher ländlicher Museen ein Zukunftsproblem.

Ehrenamtliche Museumsmitarbeiter

Neben der ehrenamtlichen Museumsleitung hat auch die ehrenamtliche Mitarbeit für ländliche Museen eine wesentliche Bedeutung. Unverzichtbar ist diese Mitarbeit für die meisten der in der Trägerschaft von Vereinen ausschließlich ehrenamtlich betriebenen Museen und museumsähnlichen Einrichtungen. Auch privat betriebene Museen benötigen häufig die unentgoltene Mithilfe anderer Personen, meist von Familienangehörigen. Wichtig ist die ehrenamtliche Mitarbeit aber auch für viele hauptberuflich geführte ländlich-kleinstädtische Museen, deren Personaletat zu klein ist, um alle Tätigkeiten mit bezahlten Kräften abdecken zu können.

Dabei lassen sich regelmäßig wahrgenommene und wiederkehrende ehrenamtliche Tätigkeiten von solchen unterscheiden, die nur sporadisch erfolgen. Die ehrenamtliche Mitwirkung kann in Außenbereichen der Museumsvertretung oder in Kernbereichen des Museumsbetriebs angesiedelt sein. Einige dieser Tätigkeiten setzten spezifische berufsfachliche Qualifikationen voraus oder nutzten die einflussreiche Stellung der jeweiligen Akteure im regionalen Umfeld. Die Mitarbeit anderer Ehrenamtlicher setzte ihre außerberuflich, etwa in Hobbys erworbenen Fertigkeiten, Kenntnisse und Fähigkeiten voraus, die sich andere Ehrenamtliche erst in der Museumsarbeit erworben hatten. Einige ehrenamtliche Akteure betreuten eigene Funktionsfelder im Museum, andere wirkten in Teams mit oder waren deren Leiter. Andere Tätigkeiten erforderten keine spezifischen Expertenkompetenzen, wohl aber privat verbreitete Fertigkeiten oder soziale Kompetenzen und bedurften nur einer kürzeren Einführung und Unterweisung.

In den hauptamtlich geführten Museen variierten Umfang und Einsatzfelder der ehrenamtlichen Mitwirkung beträchtlich – je nach dem Museumsverständnis des Museumsleiters, der thematischen Ausrichtung und personellen Ausstattung, je nach zufälligen Gegebenheiten und dem Mitwirkungsangebot der ehrenamtlichen Akteure. Am Rande des eigentlichen Museumsbetriebs lag die für regionale Kontakte und kommunale Förderung wichtige Wirksamkeit des Vorstands von Trägervereinen und die Expertenberatung von Beratungsgremien. Oft nahmen auch wichtige regionale Funktionsträger das Amt des Vereinsvorsitzenden wahr. Im Allgäuer Bergbauernmuseum wirkten nur wenige ehrenamtliche Akteure regelmäßig mit. Im Kreismuseum Syke hatte sich ein leistungsfähiges ehrenamtliches Inventarisierungsteam gebildet, dessen Leiterin sich autodidaktisch in ihr Tätigkeitsfeld eingearbeitet und auch die anderen Mitwirkenden, allesamt Ruheständler, eingewiesen hatte. Vielfältiger war die Mitwirkung ehrenamtlich Aktiver im Museumsdorf Hösseringen. Fachlich qualifiziert betreute eine frühere Universitätsbibliothekarin die Bibliothek und ein promovierter Historiker und pensionierter Studienrat das Archiv, eine Gruppe handwerklich qualifizierter Akteure betreute bei Vorführungen eine Dampfmaschine und von ihr angetriebene Erntemaschinen, und eine andere Gruppe von Ehrenamtlichen, zur Hälfte Rentner, ergänzte das Team geringfügig Beschäftigter im Aufsichts- und Informationsdienst. In allen Museen beteiligten sich Freiwillige an Ausstellungsvorbereitungen, Aktionen und der Bewirtung bei besonderen Veranstaltungstagen.

In den Museen, die sich in Vereins- oder auch in kommunaler Trägerschaft befanden und zugleich ausschließlich ehrenamtlich betrieben wurden, variierte die ehrenamtliche Mitarbeit nach der Ausrichtung des Museums und nach der Eigenständigkeit und Fachqualifiziertheit der Aktiven. In den drei Museen, deren ehrenamtliche Leiter einen professionellen Museumsbetrieb anstrebten, wurde der Kassen-, Aufsichts- und Informationsdienst von Gruppen meist älterer Ehrenamtlicher betrieben, welche diese Dienste selber einteilten. Auch an den vorbereitenden Arbeiten von Ausstellungen beteiligten sich Gruppen von Aktiven unter der Regie des Museumsleiters, ausstellender Personen oder auch in eigener Regie. Lediglich im Heimatmuseum Wiefelstede hatten die unbezahlt Mitwirkenden eigene Handlungsräume, so Teams von Handwerkern im Ruhestand, die Werkstätten traditioneller Berufe errichteten, weiterhin sich aktuell bildende Teams für Sonderausstellungsthemen sowie ein Hobbyfotograf, der ein Fotoarchiv führte.

Die ehrenamtlich betriebenen Einrichtungen ohne professionell-museologische Ansprüche waren, da hier die kommunale Förderung gering war, in besonderem Maße auf die Mitarbeit aktiver Vereinsmitglieder angewiesen. Dies galt insbesondere für das Benthullener Moor- und Bauernmuseum und die alte Ziegelei Westerholt, wo sich meist ältere Männer an den Aufbau- und Erhaltungsarbeiten beteiligten, während ihre Frauen bei Veranstaltungen die Bewirtung übernahmen. Die privaten Museumsprojekte schließlich, die auf die Unterstützung durch Trägervereine und kommunale Förderung verzichten mussten, kamen nicht ohne die Mithilfe von Familienangehörigen der Museumsbetreiber, meist ihrer Ehepartner, aus, deren Mitwirkung sich in der Regel auf einfache Tätigkeiten der Bestandspflege und der Aufsicht beschränkte.

Die ehrenamtlich Mitwirkenden in den untersuchten Museen entstammten unterschiedlichen Berufs- und Bildungsschichten. Mehrheitlich handelte es sich bei ihnen um Aktive im mittleren bis höheren Lebensalter, häufig Ruheständler, aber auch Berufstätige und Hausfrauen. Ehrenamtlich aktive Männer befassten sich vielfach mit handwerklichen Tätigkeiten der Objekterhaltung, der Gebäudeerrichtung und des Ausstellungsaufbaus, Frauen waren häufig im Kassen-, Aufsichts- und Informationsdienst eingesetzt und leisteten die Bewirtung bei Veranstaltungstagen. Die beruflichen Qualifikationen und Bildungsvoraussetzungen der ehrenamtlich Aktiven entsprachen nur teilweise den spezifischen Anforderungen der von ihnen im Museum verrichteten Tätigkeiten, die häufig in einem ganz anderen Feld angesiedelt waren. Mitunter lagen sie weit unter dem Berufs- und Bildungsstandard der Aktiven, mitunter waren sie aber auch mit anderen und sogar höheren intellektuellen Anforderungen als im Berufsleben verbunden und erforderten autodidaktische Bildungsanstrengungen, wenn sich etwa eine ehemalige Krankenschwester eigenständig in Systeme der Inventarisierung und Archivierung musealer Objekte im Kreismuseum Syke einarbeitete und dann auch andere Ehrenamtliche anleitete.

Insgesamt kennzeichnete nicht nur die ehrenamtlichen und privaten Museumsleiter, sondern auch die meisten anderen unentgeltlich Mitwirkenden eine große Kontinuität ihres Engagements, dessen bereits lange Zeitdauer daher oft auch das inzwischen fortgeschrittene Alter vieler Aktiver erklärt. Tendenziell beteiligten sich eher interessierte Menschen mit abgesicherter Existenz, entlasteter Familiensituation und ausreichenden Zeitressourcen, daher oft Ruheständler, an den zeitaufwendigen Museumsaktivitäten, dagegen selten Menschen in ungesicherten, zukunftsoffenen, episodalen und transitorischen beruflichen Biographiephasen.

Rekrutierung, Qualifikation und Gratifikation der Museumsaktiven

Für die Rekrutierung der ehrenamtlichen und freiwilligen Museumsaktiven ließen sich verschiedene Wege erkennen. Ein für das Museumsengagement typischer Weg war die aus ihrer Interessenmotiviertheit gespeiste eigene Initiative, wie wir sie insbesondere unter den Museumsgründern und Museumsleitern fanden, die aus eigenem Antrieb in privater Regie oder im Rahmen eines Vereins aktiv wurden. Eine andere Variante bildeten Initiatoren oder Engagierte qua Amt, etwa Bürgermeister oder Landräte, welche aus ihrer kommunalpolitischen Tätigkeit heraus initiativ wurden oder in einem Förderverein Verantwortung für ein Museum übernahmen. Es gab aber auch die gezielte Anfrage bei bestimmten Personen, eine Funktion für das Museum oder im Museumsbetrieb zu übernehmen. Oft erfolgreich war auch die Werbung in den regionalen Medien um neue ehrenamtlich Mitwirkende. Häufig wurden neue Mitwirkende auch durch bereits im Museum Tätige gewonnen, nicht selten deren Lebenspartner, Familienangehörige oder Freunde. Eine typische Form der sporadischen Mitwirkung war die Beteiligung der Frauen ehrenamtlich im Museum aktiver Männer an der Bewirtung bei besonderen Museumsveranstaltungen.

Die meisten freiwilligen Aktiven wohnten in dem Ort, in dem sich die Museen befinden, oder im regionalen Umfeld; in einigen Fällen beteiligten sich auch Städter an den ländlichen Museen. Dabei fand man unter den Aktiven sowohl im Museumsumfeld Aufgewachsene wie später Zugezogene, die hier ihre neue Heimat fanden. Die meisten Aktiven befanden sich im mittleren bis höheren Alter, darunter überdurchschnittlich viele Ruheständler, was sich unter anderem mit deren Zeitressourcen begründete, zum Teil auch damit, dass ihre Engagementkontinuität bereits während ihrer Berufsbiographie begann. Auch steigt wohl das historische Interesse mit zunehmendem Lebensalter. Wir fanden nicht mehr nur Männer unter den ehrenamtlich Aktiven in den ländlichen Museen, obwohl sie hier traditionell dominierten, sondern auch Frauen, sogar in leitenden Funktionen; allerdings überwogen die Männer weiterhin bei den technisch-handwerklichen Tätigkeiten.

Die ehrenamtlich Engagierten gehörten recht unterschiedlichen Bildungs- und Berufsgruppen an. Angehörige des „Bildungsbürgertums", wie man es früher nannte, fanden wir am ehesten in leitenden Funktionen von Museen mit professionellen Ansprüchen. Demgegenüber waren Angehörige technisch-handwerklicher und kaufmännischer Berufe, auch Landwirte und Hausfrauen, eher mit nicht-leitenden Tätigkeiten befasst oder leiteten Einrichtungen, die man als Sammlungen, Heimatstuben oder technische Baudenkmale bezeichnen kann. Eine Zwischengruppe bildeten die traditionellen „Dorfschullehrer" mit ihren oft ausgeprägten Sammlungsneigungen, aus denen manche Heimatmuseen hervorgingen. Doch kann man solche Zuordnungen nicht schematisch vornehmen. Bemerkenswert waren vielmehr auch andere Fallbeispiele, gerade auch unter Frauen mit ambitionierten Museumsfunktionen, die in ihrer Jugend als künftige Bäuerinnen sozialisiert wurden.

Eine nichtmaterielle Motivation ist gerade auch im Museumsbereich die Voraussetzung des unbezahlten ehrenamtlichen Engagements. Eine häufige Motivation ist der Wunsch, eine lokale und regionale Identifikation, ein heimatkundliches Interesse und Engagement in der Museumspraxis realisieren zu können. Dies beinhaltete bei einigen eher die Neigung zu einer heimatkundlichen Sammlung, bei anderen das Interesse an lokal- und regionalhistorischer Forschung oder aber die Begeisterung für die Präsentation von Ausstellungen. Das aus einer thematischen Identifikation gespeiste Interesse kann sich auch ohne regionalen Bezug auf die Geschichte und Objektwelt eines bestimmten Berufsfeldes oder Technikbereichs oder auf eine regional bedeutsame Person, etwa einen Künstler, richten, die in speziellen Museen präsentiert werden. Andere Motivationen sind Kommunikationswünsche der Aktiven, die in der Interaktion mit anderen dort Tätigen oder auch mit Besuchern erfüllt werden, oder der Wunsch, mit einer sinnvollen Tätigkeit den Ruhestand auszufüllen oder die berufliche und häusliche Tätigkeit zu ergänzen oder zu kompensieren. Und natürlich fördert auch die soziale Anerkennung und die Selbstbestätigung in der Museumsarbeit die Engagementbereitschaft.

Die Qualifikationsanforderungen an die ehrenamtlichen Museumsaktiven unterscheiden sich je nach ihren Tätigkeitsfeldern. Neben fachlichen und organisatorischen Fähigkeiten benötigten die ehrenamtlichen und privaten Museumsgründer und -leiter Initiativkraft und Durchsetzungsvermögen. Führungskompetenz erfordert die ehrenamtliche Leitung größerer Museen und museumsbetrieblicher Arbeitsgruppen. Kommunikatives Geschick setzt der Umgang mit Besuchern und Förderern voraus, pädagogisches Geschick die museumspädagogische Tätigkeit. Insgesamt hatten neben fachlichen Qualifikationen extrafunktionale Fähigkeiten für die Museumsarbeit eine große Bedeutung. In manchen Tätigkeitsfeldern benötigten die Aktiven allgemeine oder spezielle technisch-handwerkliche Fertigkeiten, in anderen Bereichen reichten ihre Aufgeschlossenheit und Lernbereitschaft gegenüber neuen Aufgaben aus. Nur in wenigen Fällen waren die Qualifikationen, welche die Museumstätigkeiten erfordern, auf die beruflichen Fachqualifikationen der jeweiligen Akteure bezogen. In einigen Fällen konnten die Aktiven Kenntnisse und Fertigkeiten aus ihrer häuslichen und erzieherischen Tätigkeit oder aus ihren Hobbys für ihre Museumsarbeit nutzen. In den meisten Fällen bedurften die ehrenamtlich Aktiven eines Vertrautwerdens mit ihrem Tätigkeitsbereich im Museum, wobei ihnen oft eine Einweisung und Hilfestellung gegeben wurde. In einigen Fällen sahen sich die Aktiven, die aus ganz anderen Berufen kamen, aber auch veranlasst, sich autodidaktisch die Kenntnisse anzueignen, die sie für ihre Museumstätigkeit benötigten. Nicht angetroffen haben wir Beispiele einer formellen Institutionalisierung eines solchen Qualifikationserwerbs seitens der Museumsleitung, und nur selten besuchten ehrenamtliche Museumsleiter und -mitarbeiter Qualifikationskurse, die etwa von Museumsverbänden oder von der Ländlichen Erwachsenenbildung angeboten wurden; der Ausbau solcher Angebote wäre sicherlich für ein effektives Museumsengagement sinnvoll.

Ehrenamtliche Aktivitäten werden definitionsgemäß unentgeltlich geleistet. Dies schließt im Einzelfall Aufwandsentschädigungen in pauschaler Form oder für konkret nachgewiesene Ausgaben nicht aus, allerdings erhielten die meisten ehrenamtlich Aktiven in den von uns untersuchten Museen keine Aufwandserstattungen. Auch bei den in privater Regie betriebenen Museen deckten die geringen Einnahmen nicht die entstehenden Kosten. Ein komplexes Feld bildeten Formen der immateriellen Gratifikation. Wir fanden sie nur in einigen Fällen in formellen Formen der individuellen oder kollektiven Danksagung und Anerkennung, regelmäßig, etwa jährlich, oder zu besonderen Anlässen durch die Museumsleitung oder durch kulturverantwortliche Institutionen. Auch gemeinsame Veranstaltungen wie Weihnachtsfeiern und Betriebsausflüge wurden von manchen Beteiligten als immaterielle Gratifikationen empfunden. Wichtig ist auch die Anerkennung, welche die Aktiven durch die ihnen vermittelte Hochschätzung ihrer Tätigkeit seitens der Museumsleitung und durch die Zufriedenheit der Museumsbesucher erfahren. Dabei wäre zu diskutieren, ob nicht auch mehr institutionalisierte Formen der museumsinternen oder auch öffentlichen Anerkennung des ehrenamtlichen Engagements als motivationsfördernd eingeschätzt werden können.

Der Beitrag der Ehrenamtlichen zur Besucherresonanz und lokalen und regionalen Integration der Museen

Das ehrenamtliche Engagement hat Auswirkungen sowohl auf die Besucherresonanz der ländlichen Museen als auch auf ihre Integration im lokalen und regionalen Umfeld. Auch in den hauptamtlich geführten Museen erhöht die Mitwirkung von ehrenamtlich Aktiven die Besucherresonanz, indem sie hilft, das Leistungsangebot der Museen, insbesondere auch bei Veranstaltungen, zu erweitern. Auch verringert die lebensweltliche Kommunikationsnähe der Ehrenamtlichen die Scheu mancher Besucher vor der kulturellen Institution „Museum". Die Besucherzahlen der ausschließlich ehrenamtlich oder privat betriebenen Museen liegen naturgemäß weit unter denen der hauptberuflich geführten Freilichtmuseen. Bei den ehrenamtlich mit einem professionellen Anspruch geführten Museen können aber häufig wechselnde Ausstellungen mitunter eine größere Besucherzahl erzielen. Bei den museumsähnlichen Einrichtungen sind eher eventartige Veranstaltungen, eine angenehme Atmosphäre und persönliche Führungen durch die Museumsleiter für die Besucher attraktiv.

Auch für die lokale und regionale Integration der ländlichen Museen, die in der Regel auf die Akzeptanz und Unterstützung vor Ort angewiesen sind, ist das ehrenamtliche Engagement von großer Bedeutung. Wichtig war auch die Medienpräsenz der Museen, die von manchen ehrenamtlichen und privaten Museumsleitern effektiv geleistet wurde, und wofür sich in mehreren Fällen, auch in einem großen Freilichtmuseum, auch journalistisch qualifizierte Museumsfreunde unentgeltlich engagierten. Zur Bekanntheit und Akzeptanz der Museen in der lokalen Bevölkerung trugen auch die teilweise recht zahlreichen Mitglieder der Museumsvereine bzw. der Heimatvereine als Museumsträger bei, und ebenso die Museumsaktiven in ihrem Bekanntenkreis und Wohnumfeld. Auch für die kommunale sowie sonstige Unterstützung in der lokalen und regionalen Umwelt waren die beteiligten Vereine von großer Bedeutung, wobei manche Museumsvereine gerade auch zur Wahrnehmung einer Scharnierfunktion zwischen den Museen und der Kommune und anderen Institutionen gegründet wurden und in ihren Vorstand häufig Repräsentanten des öffentlichen Lebens gewählt wurden. Auf solche Verbindungsschienen mussten die von einzelnen Akteuren privat betriebenen Museumsprojekte indessen verzichten.

Dem Beitrag zugrunde liegende Literatur

Vonderach, Gerd, 2005: Museumsengagement auf dem Lande. Eine empirische Studie zum ehrenamtlichen und privaten Engagement in ländlichen Museen. Aachen

Zitierte Literatur

Friemerding, Wolfgang, 2005: Vom Provinzbahnhof zum Stadtmuseum Damme. In: Land-Berichte, Nr.15 (Jg.VIII, H.2)

Kaleta, Andrzej; Kaleta, Joanna, 2007: Museums as an Instrument for Protecting the Heritage of Europe´s Rural Areas and Building the Quality of Life of its Inhabitants. In: Eastern European Countryside, Vol.12. Torun

Kelle, Udo; Kluge, Susann, 1999: Vom Einzelfall zum Typus. Fallvergleich und Fallkontrastierung in der qualitativen Sozialforschung. Opladen

Stamm, Isabell, 2005: Das Allgäuer Bergbauernmuseum. In: Land-Berichte, Nr.15 (Jg.VIII, H.2)

Vogeding, Ralf, 1999: Kreismuseum Syke. Das Museum des Landkreises Diepholz. Oldenburg

Vonderach, Andreas, 2002: Ehrenamtliche Aktivitäten in ländlich-kleinstädtischen Museen. In: Land-Berichte, Nr.8 (Jg.V, H.1)

Vonderach, Andreas, 2012: Agrargeschichte im Freilichtmuseum. Das Museumsdorf Hösseringen als Landwirtschaftsmuseum der Lüneburger Heide. In: Gerd Vonderach (Hg.): Begegnung mit historischen Arbeitswelten. Ausgewählte ländliche Museen mit Schwerpunkten vergangener regionaler Wirtschaftsweisen. Aachen

Vonderach, Gerd, 2006: Lebensgeschichtliche Bedeutung eines ländlichen Museumsengagements – drei Fallbeispiele. In: Sozialwissenschaftliches Journal, Nr. I

Vonderach, Gerd, 2010: Räumliche Erlebniswirklichkeit als fortwirkende Erinnerung. In: Jürgen Hasse, Robert J. Kozljanic (Hg.): „Gelebter, erfahrener und erinnerter Raum". 5. Jahrbuch für Lebensphilosophie. München

Zimmer, Annette, 1996: Ehrenamtliche und freiwillige Arbeit im Museum. In: dies. (Hg.): Das Museum als Nonprofit-Organisation. Management und Marketing. Frankfurt/M.

Buchbesprechungen

Jens-Peter Müller: Könige, Menschenrechtsaktivisten, Politiker – Die Roma und ihre Eliten. Ein ungarisch-rumänischer Vergleich. Wissenschaftlicher Verlag Berlin, Berlin 2017, 395 S., 59.- €

Um es gleich vorwegzunehmen: Die an der Friedrich-Schiller-Universität in Jena vorgelegte Dissertation Jens-Peter Müllers stellt eine herausragende wissenschaftliche Leistung auf dem Gebiet der Roma-Forschung sowie der Elitenkonfigurationen in Rumänien und Ungarn dar. Im Fokus steht insbesondere die Zeitspanne seit dem Ende des Zweiten Weltkriegs. Wie ernsthaft diese Untersuchung angelegt ist, lässt sich am Umfang der breit gefächerten theoretischen und empirischen Forschungsliteratur in deutscher und englischer, aber auch in ungarischer und rumänischer Sprache ablesen. Die Quellen selbst werden einer kritischen Wertung unterzogen, wobei der Autor mit einer Reihe von Vor- und Fehlurteilen einiger westeuropäischen Exegeten und NGOs aufräumt. Die verwendete Fachliteratur wird durch zahlreiche Interviews ergänzt, die Jens-Peter Müller mit Vertretern der Roma-Eliten beider Länder geführt hat.

In zwei ausführlichen einleitenden Passagen werden die theoretischen Überlegungen zu den beiden eng miteinander verknüpften Aspekten dargelegt, denen sich die Untersuchung widmet – der Ethnizität der Roma sowie der Problematik der Elitenbildung dieser Ethnie. Als zentrales Kriterium der Identifizierung der Roma gilt für den Autor ihre Selbstidentifizierung, als das verbindende Element zwischen den traditionell disparaten Romaentitäten benennt er ihre marginalisierte Existenz und ihre gesellschaftliche Exklusion. Der Fokus der Untersuchung der Roma-Eliten liegt auf der Transformation der traditionellen informellen Organisationsstrukturen der Roma nach dem Zusammenbruch des kommunistischen Systems in Ungarn und Rumänien. Von einer im Wesentlichen „geschlossenen Ethnie", deren Organisationsformen sich immer noch an den traditionellen Gruppenzugehörigkeiten ausrichten, beschreibt der Autor die neuen Entwicklungstendenzen im Rahmen dieser Ethnie im Zuge der Transformation nach 1989 – Re-Ethnisierung, Generationenwechsel, Professionalisierung ihrer Eliten –, die zu einer Neuordnung des Verhältnisses zwischen den Roma und der Mehrheitsbevölkerung einerseits und zwischen den Eliten und Nicht-Eliten der Roma andererseits geführt haben.

Buchbesprechungen

Es würde zu weit führen, die in dem Hauptkapitel über dem in seinen relevanten Phasen nachgezeichneten Transformationsprozess der Roma-Populationen in Ungarn und Rumänien im Einzelnen zu referieren. Mit besonderem Nachdruck soll hingegen auf die Schlussfolgerungen hingewiesen werden, die der Autor aus den in beiden Ländern zu beobachtenden aktuellen Entwicklungstendenzen zieht. Wie in seiner gesamten Dissertation fehlt es Jens-Peter Müller nicht an Selbstbewusstsein und dem Mut, tradierte Thesen wohlmeinender Experten zu demontieren und hochgelobte Akteure aus dem Bereich der Roma-Eliten, aber auch der westlichen NGOs, zu entzaubern. In seinem ernüchternden Fazit stellt er fest: In den Jahren seit 1989 gab es Veränderungen im Status der Roma-Ethnie – die Anerkennung als Minderheit, der Aufbau von Institutionen, die Entstehung neuer Organisationsformen der Roma, affirmative Maßnahmen, eine Fülle von Hilfsprojekten – die aber am grundlegenden Paradigma der Roma-Bevölkerung als eine unterentwickelte und marginalisierte Gruppe nichts Wesentliches geändert haben. Der Grund: Von der Fülle dieser Maßnahmen und den vielen finanziellen Mitteln, die in diesen Bereich geflossen sind, haben nicht die Ethnie in ihrer Gesamtheit profitiert, sondern einerseits internationale Organisationen und NGOs von Nicht-Roma, die ihre eigenen Strategien verfolgt haben, sowie Vertreter der eigenen Roma-Eliten, die in Zusammenarbeit mit nationalen und internationalen Akteuren ihre eigenen materiellen und Status-Interessen und die ihrer engeren traditionellen Gruppen verfolgt haben. Mehr noch: Diese neuen, professionalisierten Roma-Eliten, so der Autor, die aus der Interessenvertretung ihrer Ethnie ein „Ethno-Business" gemacht haben, verhindern in letzter Konsequenz sogar eine Verbesserung der Lage der Roma insgesamt. Sein Ausblick klingt düster: *„Solange die klientelistisch geprägten Netzwerke von außen mit Geld alimentiert werden, es keine messbaren Erfolgskriterien gibt und die Beteiligten ihre Ethnie weiterhin zum Beruf machen, werden die Roma-Eliten kein Interesse daran haben, an dem ‚Ist'-Zustand etwas zu ändern".*

Ein kleines „Haar in der Suppe" dieser exzellenten Untersuchung habe ich trotz allem finden können: In der Fußnote 3 (S. 12) spricht der Autor von den „verabschiedeten Minderheitengesetzen der beiden Länder". Aber merke: In Rumänien wurde trotz jahrzehntelangen diesbezüglichen Drängens der ungarischen Minderheitsvertreter kein eigenständiges Minderheitengesetz verabschiedet. Die Regelungen zu Minderheitsfragen sind in der rumänischen Verfassung sowie in diversen Ein-

Buchbesprechungen

zelgesetzen enthalten, nicht aber in einem einheitlichen Gesetzestext, was aber der Minderheitenpolitik dieses Landes keinen Abbruch tut.

Anneli Ute Gabanyi

Clemens Renker: Das neue Dorf. Gestalten, um zu überleben – vier Handlungsfelder zum Erhalt dörflicher Gemeinden. Springer Gabler, Wiesbaden 2018, 165 S., 20.- €

Bei der Fülle zunehmender Sach- und Fachliteratur auch zur Gestaltung und Entwicklung der ländlichen Regionen muss nicht überraschen, dass vom Rezensenten in kurzer Zeitfolge eine zweite Buchbesprechung mit dem gleichen Titel vorgelegt wird. Der Autor Ralf Otterpohl hatte in seiner Studie über „das Neue Dorf" (Rez. in Land-Berichte, H. 1/2018) aufgrund voranschreitender globaler Zerstörung von Agrarflächen alternativ sog. „Gartenringdörfer" im näheren Einzugsbereich der zu versorgenden Städte vorgeschlagen. Die Bewohner der neuen Dörfer zwischen 150 und 300 Einwohnern sollen als Minifarmer auf etwa 1 ha Garten- oder Ackerbauland eine biointensive Poly- oder Permakultur betreiben.

Während Otterpohl sich vom historischen Dorf als annähernd 1000-jährigem, bewährtem Produktions- und Lebensstandort der Landwirte praktisch vollständig entfernt, greift Renker auf die eigenen Erfahrungen als Professor für das Fachgebiet „Marketing" und als praktizierender Dorfanalyst in den Dörfern und aktuellen Dorferneuerungsvorhaben im bayerischen Franken zurück, die er betreut hat. Dabei werden auch die Lebens- und Sozialisierungskultur sowie die Wertewelt des alten Dorfes über die früheren „Stakeholder" (Pfarrer, Lehrer, Bürgermeister) erwähnt – allerdings um anschließend auf die fehlende Zukunftsfähigkeit des durch bäuerliche und handwerkliche Aktivitäten geprägten historischen Dorfes hinzuweisen.

Renker glaubt als überzeugter Marketing-Fachmann an die aktuellen erprobten Steuerungsmöglichkeiten auf das Verhalten der heute zuständigen kommunalen Entscheidungsträger, der Bürger und der eingebundenen Institutionen sowie der Fördergeldgeber, die er *„in einem Netzwerk an Sinnfeldern in Form von neuen Lebens- und Arbeitsfeldern"* im zukünftigen Dorf glaubt verwirklichen zu können.

Als Belege für einen erfolgreichen Abschluss der notwendigerweise zu entwickelnden bzw. zu sanierenden historischen Dörfer werden auch von Renker zahlreiche Alternativen von grundsätzlichen Maßnahmen und Schrittfolgen herangezogen, wie Bestandspflegeaktivitäten, Erhöhung von Steuereinnahmen, Digitalisierung, Mobilitätsverbesserung, Ausschöpfung innerörtlicher Landreserven (u. a. Kirchenbauland), neue Formen von Dorfkultur, die er den überlieferten Dörfern anempfiehlt.

Bevor auf weitere psychologische, funktionale, ästhetische und wirtschaftliche Gestaltungsideen Renkers hingewiesen werden soll, muss auf die seit Beginn der 1980er Jahre vorliegenden Erfahrungen der Dorferneuerung und -entwicklung in West- und seit 1990 in Ostdeutschland verwiesen werden, wo auf der Grundlage von länderspezifischen Dorferneuerungs- bzw. -entwicklungsrichtlinien sowie Landes-, Bundes- und Europafördermitteln inzwischen über die Hälfte der etwa 30.000 Dörfer bereits einer Erneuerung unterzogen wurden. Für einige Bundesländer, so für Niedersachsen und Sachsen-Anhalt, liegt inzwischen eine Erfolgskontrolle auf der Basis einer Fallstudienuntersuchung von ca. 40 Dorferneuerungsvorhaben vor (Grube: Lebensraum Dorf. 2006).

Auf welches „Neue Dorf" konzentrieren sich nun die Vorstellungen oder gar utopischen Visionen des Autors? Aus der mit englischen Begriffen und Untertiteln angereicherten Lektüre ist eine eindeutige Antwort nur schwer ableitbar.

Da für Renker eine *„analoge, evolutionäre Weiterentwicklung der Dörfer"* nicht mehr möglich erscheint, er auch Zweifel an den aktuellen Förderprogrammen der Dorferneuerung hat, fordert er ein Dorfmarketing auf der Vorstellung eines *„smart village versus smart city"*, um nicht hinter die erfolgreich sanierten Städte weiter zurückzufallen. Im neuen Dorf als reines, effizientes Unternehmen sollen mittels eines *„Beeinflussungsmarketings zwischen neu anzusiedelnden Unternehmen und Kunden, Ziele wie Umsatz, Gewinn und Sicherheit durch Werbung erreicht werden"*. Dabei ist sich der Autor eines *„welt- und deutschlandweiten Verlustes an Regeln, Ritualen und Artefakten in Dorfgemeinschaften bewusst, so einer ökologisch nachhaltigen, familiengebundenen Landwirtschaft, einer Werte vermittelnden Kirche, einer geistige und räumliche Verortung garantierenden Dorfschule und einem Verantwortungsübernahme und Persönlichkeitsentwicklung garantierenden Vereinsleben"*.

Trotzdem sei nach Renker eine Existenzberechtigung der Dörfer solange nicht in Frage zu stellen, *„als Wertschöpfungsprozesse für sog. Stakeholder"* gelängen. Immerhin seien 80 Prozent der Dorfbewohner durch den Besitz eines Eigenheims gebunden, in Städten dagegen lediglich nur zu 20 Prozent.

Buchbesprechungen

Darüber hinaus seinen durch einzelne Unternehmen im Dorf auch betriebswirtschaftliche „Pool-Ressourcen" eingebunden, deren Mitarbeiter ihr Wissen als *„synergetische Hilfe für eine funktionierende Dorfgemeinschaft"* bereitstellen könnten.

Renkers Interesse an einer Neugestaltung des Dorfes gilt auch – ganz im Sinne seines Marketing-Ansatzes weiteren verfügbaren Dorfressourcen und Aufgabenfeldern wie Wirtschaftswachstum, Digitalisierung, Energie- und Umweltpolitik sowie die Mobilität, jedoch nicht der Reaktivierung einer familiengebundenen bäuerlichen Landwirtschaft, obwohl sich diese trotz Betriebsaufgaben und Außenverpachtungen immer noch im Besitz der wichtigsten Ressource der Dorfes befindet, dem Grund und Boden.

Ein Blick auf aktuelle deutsche und europäische Dorfbewegungen wie „Bürgerwissenschaftliche Community" (Mecklenburg), „European Rural Community Alliance" (ERCA in 20 Ländern Europas), „Dorfbewegung Brandenburg e. V.", „Global Ecovillage network" (GEN), „Kommunen innovativ" (BMBF, 2014) und andere macht deutlich, dass vergleichbar zur Disposition der Autoren Otterpohl und Renker die Reintegration einer neuen ökologisch ausgerichteten, an den historischen Gemarkungsgrenzen orientierte bäuerliche Landwirtschaft offensichtlich vollständig aus dem Blickfeld der selbsternannten Utopisten verschwunden ist. Das aktuelle gesellschaftspolitische Dorfmodell ist offensichtlich durch keine bäuerliche Agrarstruktur mehr geprägt. Auch in den Dorferneuerungsrichtlinien und -programmen der Länder sowie in den Bewertungskriterien für den Bundeswettbewerb „Unser Dorf hat Zukunft" vermisst man fast durchgängig funktionale und historische Bezüge zum Dorf als dem bewährten, gesellschaftspolitisch verankerten kulturprägenden Standort der bäuerlichen Urproduzenten mit der spezifischen, ortsprägenden dörflichen Infrastruktur.

Einzelne Weilergründungen mit 4 bis 8 standortmäßig kombinierten Einzelbetrieben als rein betriebliche Aussiedlungen oder Neuansiedlungen erfolgten nach 1950 im Rahmen der Eingliederung von Flüchtlingsfamilien in einzelnen Bundesländern oder im Rahmen der Rekultivierung ehemaliger Braunkohlenabbaugebiete. Eine Besonderheit der Binnenkolonisation stellen wenige, vor allem in Westdeutschland errichtete, ausschließlich ökologisch wirtschaftende und meist mit Behinderten arbeitende Agrarbetriebe dar, in die neben geschultem Betreuungspersonal auch Gebäudeeinheiten für die hofeigene Verarbeitung und Vermarktung der erzeugten landwirtschaftlichen Produkte integriert sein können. Auf die punktuelle Besetzung und Inbetriebnahme einzelner leergefallener ehemaliger bäuerlicher Großbetriebe durch neu gegründete Gruppen selbsternannter Agrarbetreiber in einzelnen Ländern (u. a. Mecklenburg-Vorpommern) sei an dieser Stelle nur hingewiesen.

Für eine nachweislich dringend erforderliche und nicht nur in den Medien angemahnte, sondern zunehmend auch im Bewusstsein aufmerksamer Bürger verankerte Agrarwende stehen mit den überlieferten Dörfern erprobte, ausbaufähige Standortalternativen zur Verfügung. Mit über 30.000 historischen, teilweise teilerneuerten oder gar flurbereinigten Dörfern in West- und Ostdeutschland, deren Siedlungs-, Haus-, Hof- und Gemarkungsgrenzen nicht nur die Basis unserer Kulturlandschaften bilden, sondern die auch die Chance zur gesellschaftspolitischen Integration neuer bäuerlicher Betriebe bieten, besitzen Ost- und Westdeutschland eine außergewöhnliche Ressource.

Voraussetzung für das Gelingen einer ökologischen, nachhaltigen Agrarwende sind eine Abwendung der politischen Entscheidungsträger und der Agrarlobby von ausschließlich wachstumsideologischen Zielen sowie Konsumverzicht, Mobilitätsbegrenzung und Ressourcenschutz durch den Bürger.

Das „neue Dorf" Renkers bleibt gedanklich von weiterführenden, ökologisch ausgerichteten, ganzheitlichen Zielen unberührt. Im Vertrauen auf die Wirkungen von Marketing und Moderation glaubt Renker an *„sachliche, inhaltliche Konzeptschritte zum neuen Dorfmodell"*, die für jedes Dorf ein eigenständiges, unverwechselbares Gesicht haben müssen – ohne auch an dieser Stelle konkret zu werden.

Offensichtlich ist Renkers Orientierung jedoch stärker an der Stadt ausgerichtet, da sie *„letztlich der angemessene Standort in der globalisierten Welt als Aufenthaltsraum sei – und daher auch der geeignetere Weg, um die Natur zu schützen"*.

Joachim Grube

Franziska Sperling: Biogas – Macht – Land. Ein politisch induzierter Transformationsprozess und seine Effekte. V & R unipress GmbH, Birkach 2017; 331 S., 50.- €

Eine, wenn nicht die wichtigste Ressource für unsere wirtschaftliche Entwicklung war und ist die „nutzbare" Energie. Das Fehlen von preiswerter, in hinreichender Menge zur Verfügung stehender Energie limitierte die Produktionsmöglichkeiten Jahrhunderte lang. Mineralische Rohstoffe gab es genug auf unserem Kontinent, dem alten. Auch Wasser stand fast überall in hinreichendem Umfang zur Verfügung, die landwirtschaftlichen Flächen waren ausreichend und das Klima gemäßigt und auch natürliche Verkehrswege wie Flüsse und eine reich gegliederte Küste gab es hier mehr als fast überall sonst auf der Welt. Aber es fehlte eben an Energiequellen, um die Rohstoffe nicht nur in entsprechender Menge zu fördern sondern auch zu verarbeiten, um den Verkehr bedarfsgerecht zu gestalten und auch um den nötigen (Kunst-) Dünger produzieren zu können.

Vor etwa 250 Jahren begann dann aber der massenhafte Abbau von Kohle (später kamen dann Öl, Gas und Kernkraft hinzu) und plötzlich stand billige Energie praktisch unbegrenzt zur Verfügung. Die Urarmut konnte besiegt werden und heutzutage lebt zumindest in Europa fast jeder auf einem Wohlstandsniveau, von dem unsere Vorfahren noch nicht einmal zu träumen wagten. „Der Schornstein muss qualmen" lautete daher noch in den 1950er Jahren die hoffnungsvolle bzw. optimistische Parole.

Heute, gut ein halbes Jahrhundert später, werden qualmende Schornsteine hingegen keineswegs mehr als Wohlstandsgaranten begrüßt, im Gegenteil sogar. Man freut sich nicht an ihrem Anblick, sondern fürchtet sich – befördert von regierungsamtlicher Propaganda – vor Feinstaub, vor CO_2 und vor anderen „Klimagasen" Das „Sparen" von Energie und die Bereitstellung „alternativer" Energiequellen wird daher landauf landab heftig eingefordert. Diese alternativen Energiequellen müssen aber bezahlbar bleiben, das ist nach wie vor (s. o.) die Voraussetzung für unser Leben und unseren Wohlstand.

Dass eine solche „Umstellung" der Energieerzeugung sich aber erstens nicht per Knopfdruck bewerkstelligen lässt und zweitens durchaus ebenfalls Probleme mit sich bringt, dafür ist die Arbeit von Franziska Sperling ein guter Beleg. Dabei handelt es sich hier erfreulicherweise nicht um eine der vielen scheinwissenschaftlich-apokalyptischen Schilderungen, sondern um die seriöse Behandlung eines Teilaspekts der sogenannten Energiewende. Genauer gesagt: Es geht um die Frage, wie sich die Biogaserzeugung in den geplanten Energiemix einfügt, welche Einwirkungen hier von staatlicher Seite erfolgen und welche Folgen der Ausbau der Biogaserzeugung hat. Besonders hervorzuheben ist, dass Frau Sperling als Kulturanthropologin hierbei nicht nur die wirtschaftliche und technologische Transformation des ländlichen Raumes im Blick hat sondern auch die damit verbundene kulturelle. Wenn sich konventionelle Agrarwirtschaft zumindest in Teilen zur Energiewirtschaft hin verändert, dann hat dies eben nicht nur ökonomische Implikationen.

Der Umbau unserer Energieerzeugung, d. h. der weitgehende Verzicht auf die „alten" Energiequellen Kohle, Gas, Öl und Kernkraft und die Umstellung auf neue, alternativen Energiequellen (vor allem Sonne und Wind, aber auch Wasserkraft, Klärgas, Grubengas, Biomasse, Geothermie) ist daher mit hohen Risiken versehen. Scheitert dieser Umbau, dann haben wir ein Problem, dessen Größenordnung uns noch gar nicht bewusst ist. Dieses Problem bezieht sich nicht allein auf isolierte technische und wirtschaftliche Aspekte, sondern es werden – so die These von Frau Sperling – durch eine Neuausrichtung der Energiepolitik drastische Änderungen im Zusammenleben der Menschen angestoßen. Dadurch wird, so die Eigeneinschätzung von Frau Sperling, ihre exemplarische Analyse der Biogaspolitik zu einem (neuen) Zweig der (Kultur-) Anthropologie, indem wirkungsmächtige Verbindungen zwischen politischen, ökonomischen, kulturellen und gesellschaftlichen Ordnungsprozessen offengelegt werden.

Ehe sie zu diesem, ihrem zentralen Thema kommt, erfolgt zunächst eine relativ knappe Beschreibung des rechtlichen Rahmens (das Konzept der „Energiewende"; das erneuerbare-Energien-Gesetz EEG; der Atomausstieg ...) sowie ihres Untersuchungsgebietes, des Landkreises Donau-Ries, in dem mehr Biogasanlagen stehen als irgendwo sonst. Es folgt eine ausführliche Literaturübersicht zur eigenen Fragestellung und Vorgehensweise, ehe die eigenen empirischen Befunde vorgestellt werden. Hier schildert Frau Sperling die Entscheidungsfindungsprozesse bei den Akteuren sowie die Zielwidersprüche und die Konflikte zwischen den einzelnen betroffenen Gruppen. Hierzu geht sie ein auf den Wandel vom konventionellen landwirtschaftlichen Betrieb hin zum Biogasanlagenbetrieb, den man klassischerweise eher als einen Gewerbebetrieb bezeichnen würde. Zudem stellt sie die beteiligten Gruppen vor, auch mit ihren unterschiedlichen Zielen und präsentiert schließlich das Fallbeispiel des Bioenergiedorfes Kleinschwalbenheim. Diese Vorstellung der eigenen Forschungsergebnisse umfasst fast 2/3 der Arbeit und ist auch dank der vielen Interviews und wörtlicher Wiedergaben recht anschaulich.

Insgesamt handelt es sich um eine sehr solide und wissenschaftlich fundierte Arbeit. Allerdings überwiegt im theoretischen Teil der akademische Duktus doch stark, so dass dem Werk wohl eine breite Leserschaft versagt bleiben wird. Auch wird der rechtliche Rahmen (EEG …) von der Verfasserin weitgehend unkritisch hingenommen und zum Ausgangspunkt der eigenen Analyse gemacht und streckenweise sogar ausschließlich begrüßt. So dürfte sich dann ein Leser, der sich in der Energiepolitik wenig auskennt doch fragen, warum bisher kein einziges Land der Welt dem deutschen Vorbild folgt und die alternativen Energien so wie hierzulande fördert. Aber natürlich ist es auch legitim, so wie hier geschehen den „Rahmen" einfach vorauszusetzen.

Dies gilt umso mehr, als das Ziel dieser Arbeit nicht vorwiegend das Finden falsifizierbare Sachaussagen war. So „lohnen" bei der Lektüre auch über weite Strecken eher die interessanten Fragestellungen und weniger die gefundenen Antworten.

Ob es daher der Verfasserin tatsächlich gelingt, eine neue Kulturanthropologie zu kreieren, sei einmal dahingestellt. Auf jeden Fall handelt es sich aber um eine interessante Studie über Folgen und Probleme einer neuen Technologie, die sich relativ rasch im ländlichen Raum ausgebreitet hat.

Hermann von Laer

Andreas Möller: Zwischen Bullerbü und Tierfabrik. Warum wir einen anderen Blick auf die Landwirtschaft brauchen. Gütersloher Verlagshaus. Gütersloh 2018, 235 S., 20.-€

Der Trainer der deutschen Fußballnationalmannschaft hat es schwer. Schließlich gibt es mehr als 80 Millionen Deutsche, die mindestens so viel von Fußball zu verstehen glauben, wie er selbst. Und so weiß dann auch zumindest nach jedem verlorenen Spiel (fast) jeder verhinderte Trainer, was die Ursachen für die Niederlage waren, welche Auswechselungen falsch waren usw.

Mit der Landwirtschaft es ganz ähnlich. Zwar gibt es auch hier noch einige Experten, die sich auf dem Acker und im Stall abmühen, um ihre Mitbürger mit Nahrungsmitteln zu versorgen; aber ihre Expertise ist wenig gefragt. Denn die anderen wissen es meist besser und glauben zudem, die höhere Moral gepachtet zu haben. So besteht denn in der Bevölkerung weitgehend Übereinstimmung, dass uns die Landwirte mit krebserregendem Glyphosat vergiften, dass Schweine, Hühner und Kühe in Mammutställen zu Tode gequält werden, dass eine alternative Landwirtschaft in jeglicher Hinsicht „besser" sei, dass es, wenn man nur wolle, auch ohne „Chemie" gehe usw.

Buchbesprechungen

Vor allem das öffentlich-rechtliche Fernsehen und der Rundfunk tun sich hier hervor und verbreiten mitunter hanebüchenen Unsinn. Aber was soll`s; die Bevölkerung will es offensichtlich so und viele Politiker sind glücklich, weil sie sich nun mit großer Emphase „kümmern" können.

An allgemeinverständlicher, sachlicher und wissenschaftsbasierter Information für den Normalbürger mangelt es hingegen weithin und da freut man sich, ein Buch wie das von Andreas Möller in die Hand nehmen zu können, das in dieser Hinsicht Orientierung verspricht.

Andreas Möller beginnt seine Darlegungen mit einer ausführlichen persönlichen Schilderung, wie er als Stadtkind, das noch die halbwegs „heile" Bauernwelt (Stichwort: Bullerbü) kennenlernen durfte, zu den Problemen des modernen Agrarsektors vorstieß. Er schildert die ethischen Forderungen und oft romantischen Erwartungen, die viele Menschen auch heute noch bezüglich der Landwirtschaft hegen und er stellt dem die ökonomischen Zwänge gegenüber, auf die der Landwirt Rücksicht nehmen muss, will er nicht im (auch internationalen) Konkurrenzkampf untergehen.

Um diesen Gegensatz zwischen den Erwartungen und Forderungen einer weitgehend urbanen Bevölkerung einerseits und den Möglichkeiten bzw. Zielsetzungen einer modernen Landwirtschaft andererseits geht es im vorliegenden Buch. Zusätzlich schwierig wird es dann noch dadurch, dass wissenschaftliche Erkenntnisse, die gegenwärtig rasant zunehmen (Stichwort: z. B. gentechnisch veränderte Pflanzen und Tiere), bisher noch nicht einmal ansatzweise in ihrer Bedeutung eingeschätzt werden können. All dies führt dann zu einer Entfremdung zwischen „Stadt" und „Land" sowie zwischen ländlichen und urbanen Lebensentwürfen.

Um diesen unerfreulichen Zustand zu beenden, ruft Andreas Möller zu einem Perspektivwechsel in der Landwirtschaft auf, hin zu einer zwar bedächtigen aber letztlich doch radikalen Ökologisierung. Seine Forderungen sind damit alles andere als originell; er trägt sie aber deutlich behutsamer bzw. abgewogener vor, als dies gemeinhin geschieht.

Seine eigentliche Analyse beginnt mit einer Beschreibung erstens der Rahmenbedingungen, unter denen die Landwirte bei uns produzieren (müssen) und zweitens der Wahrnehmung dieser Produktionsweise durch die „Restbevölkerung", die heutzutage – selbst wenn man landwirtschaftsnahe Berufe und Tätigkeiten zur Landwirtschaft zählt – über 95 Prozent der Gesamtbevölkerung ausmacht. Es geht um die „visuelle

Entfremdung", wenn Nichtlandwirte mitunter eine verkitschte Harmonie in Wald und Flur beschwören („Das geheime Leben der Bäume"), Landwirte hingegen natürliche Ursache-Wirkung-Beziehungen zur Produktionsmaximierung nutzen. Auch bei der „Chemie" auf dem Acker stoßen romantisierende Vorstellungen vor der Natur auf Nützlichkeitserwägungen derjenigen, die nun mal die Nahrungsmittel immer rationeller und damit auch preiswerter produzieren.

Die Bilderbuchwelt einer alten Landwirtschaft, die viele Verbraucher noch im Hinterkopf haben, bedarf zwar fraglos einer faktengestützten Korrektur. Wie dies aber konkret geschehen könnte, ohne diese Kritiker mit ihren hehren Überzeugungen zu verprellen, das weiß auch Andreas Möller nicht so recht. Zudem es ja nicht nur um die Nahrungsmittelproduktion geht, sondern die Bauern längst auch zu Energiewirten wurden, die auf riesigen Mais-Monokulturen den Rohstoff für ihre Biogas-Anlagen erzeugen. Aber: Ist das nun wirklich „Bio"? Und ist derjenige wirklich noch ein „Bauer", der gar nicht mehr vor Ort im Dorf wohnt, sondern nur noch alle paar Tage anreist, um seine Biogas-Anlage zu warten? Auch bei der Frage der Subventionen, der Problematik der Intensivtierhaltung, der z. T. riesigen Ackerflächen und der weiter rasant fortschreitenden Mechanisierung türmen sich die Probleme, ohne dass allgemein befriedigende Lösungen in Sicht wären.

Diese ganzen Schwierigkeiten und Widersprüchlichkeiten sieht Andreas Möller sehr wohl, aber auch er kennt keine Patentrezepte, um die tiefliegenden (und letztlich ideologischen) Gegensätze von Stadt und Land aufzulösen. Stattdessen versucht er, pragmatische Vorschläge zu formulieren, um diese Gegensätze wenigstens abzumildern und damit erträglicher zu machen: So fordert er einen fairen Umgang mit der Landwirtschaft und den Leistungen der Landwirte, denn Verteufelungen seien letztlich kontraproduktiv.

Dies dürfe aber natürlich nicht heißen, dass man Fehlentwicklungen vertuschen dürfe. Auch Landwirte und ihre Verbände sollten sich hüten, tatsächliche Skandale unter den Teppich zu kehren. Sie müssten sich aber um eine bessere, vor allem um eine emotionalere Darstellung ihrer Arbeit in den Medien kümmern. Sie sollten daher eher „Geschichten" vom Land und vom Landleben erzählen und weniger auf Fakten beharren, die die Städter sowieso kaum beurteilen könnten. Nur so habe man eine Chance, selbstgerechten Umweltaktivisten Paroli zu bieten.

Buchbesprechungen

All dies sind sicherlich keine revolutionär neuen Vorschläge oder Erkenntnisse, solche werden auch gar nicht gesucht. Es geht ja Andreas Möller auch vornehmlich gar nicht darum, welche Aussagen über die Landwirtschaft nun wahr oder falsch sind. Schließlich ist er Journalist und nicht Agrar- oder Umweltexperte.

Man kann es auch so ausdrücken: In diesem Buch wird kein Fachthema tiefschürfend behandelt. Es geht nicht um wissenschaftliche Korrektheit in Sachfragen (ist z. B. Glyphosat nun schädlich oder nicht?) sondern eher darum, die Kommunikation zwischen Stadt und Land zu verbessern und dadurch die gesellschaftliche Akzeptanz der Landwirtschaft zu erhöhen.

All dies wird flott und gut verständlich erzählt, sehr journalistisch und gespickt mit Beschreibungen persönlicher Erlebnisse. Im Vordergrund stehen einleuchtende Fragen, aber klare Antworten findet man eher selten.

Hermann von Laer

Thomas M. Bohn, Aliaksandr Dalhouski, Markus Krzoska: Wisent-Wildnis und Welterbe. Geschichte des polnisch-weißrussischen Nationalparks von Białowieża. Böhlau Verlag; Köln, Weimar, Wien 2017, 402 S., 45.- €

Der an der heutigen polnisch-weißrussischen Grenze gelegene, zum Nationalpark erklärte Wald von Białowieża ist die letzte Landschaftsregion, in der noch Wisente, die größten europäischen Landsäugetiere, leben. Der westliche Teil dieses Gebietes wurde bereits 1932 von Polen als Nationalpark ausgewiesen, während sein östlicher Teil, nachdem Polen 1945 seine Ostprovinzen an die Sowjetunion abtreten musste, erst 1992 als nunmehr weißrussischer Nationalpark eingerichtet wurde, der inzwischen mit dem polnischen Nationalpark vereint wurde. Nachdem in der Region bereits vor hundert Jahren kaum noch Wisente gesichtet wurden, begann man in den 1950er Jahren mit der Auswilderung von einigen Wisenten, die sich seitdem kräftig vermehrten.

Das über die Geschichte dieser Region von den Osteuropa-Historikern Professor Thomas H. Bohn, Dr. Aliaksandr Dalhouski und Privatdozent Markus Krzoska verfasste Buch ist das Ergebnis eines mehrjährigen, von der Deutschen Forschungsgemeinschaft geförderten Forschungsprojekts im Historischen Institut der Universität Gießen. Es handelt sich um einen aufwendigen, material- und detailreichen historischen Forschungsbericht mit zahlreichen Anmerkungen, einem au-

Buchbesprechungen

ßerordentlich umfangreichen Quellen- und Literaturverzeichnis und einem ausführlichen Personen- und Ortsregister. Hilfreich sind auch mehrere Karten und einige Tabellen, ergänzt um viele Abbildungen. Die Berichtsanteile der drei Autoren werden nicht mitgeteilt.

Der Band beginnt mit einer kurzen Einführung, die bereits einen Überblick ermöglicht. Die Darstellung wird dann in sieben Kapiteln in historischer Folge vertieft. Detailreich und quellenbegründet geht es dabei um die sehr wechselvolle politische, oft kriegerische Entwicklung, insbesondere um die Herrschaftsverhältnisse einschließlich der Jagd- und Forstpolitik, auch um die sozioökonomischen Rahmenbedingungen. In diesem Zusammenhang wird auch über die Lebensverhältnisse der Bewohner in ihrer ethnischen und kulturellen, auch wechselnden und konfliktreichen Vielfalt berichtet.

In den früheren Jahrhunderten war die Jagd zumeist den Monarchen und Adligen vorbehalten, während sie von den regionalen Bewohnern eher illegal betrieben wurde; wichtig war auch die Holzwirtschaft. Nach der dritten Teilung Polen-Litauens geriet das Gebiet in die Herrschaft des Zaren, wobei Zar Alexander I. einen ersten Schutz der Wisente anstrebte. Deren regionale Zahl stieg von geschätzt 200 Tieren im Jahr 1802 auf fast 1900 Tiere im Jahre 1857 und sank dann bis zum Beginn des Ersten Weltkriegs auf etwa 700 Tiere. Obwohl die Wisente unter der deutschen Besatzung zunächst geschützt wurden, die auch häufig mit den Auerochsen verwechselt wurden, gab es dann angesichts des chaotischen Verlaufs des Kriegsendes keine Wisente mehr. Im wieder souverän gewordenen Polen, in dem bereits Ende 1919 eine Staatliche Kommission für Naturschutz gegründet wurde, wurde das 1921 als Reservat ausgewiesene Waldgebiet von Białowieża 1932 zum Nationalpark erklärt, wobei die gewünschte Ausbeutung der Holzressourcen die Gründung und den Ausbau des Nationalparks beeinträchtigte. Dennoch wurden 1929/30 einige Wisente aus Zoobeständen in ein Freigehege der Region transportiert. Nach dem deutschen Einmarsch nach Polen und dem Hitler-Stalin-Pakt von 1939 wurde das Gebiet bis 1941 sowjetisch besetzt und in ein Reservat mit Jagdverbot aber Holznutzung verwandelt. Mit dem deutschen Überfall auf die Sowjetunion und dem raschen Vormarsch der deutschen Truppen entwickelte sich seitens der deutschen Besatzung ein kompliziertes Geflecht von Strukturen und Kompetenzen mit teils gegenläufigen Interessen der Akteure, wobei auch Wisente ausgewildert wurden. Insgesamt war für die Bewohner der Region der Zweite Weltkrieg mit drei-

Buchbesprechungen

mal wechselnder Herrschaft die dramatischste Zeit des vorigen Jahrhunderts.

Nach dem Ende der Kampfhandlungen entbrannte eine heftige Auseinandersetzung um den Besitz der Grenzregion, der die Bevölkerungsgruppen, die teilweise umgesiedelt wurden, noch lange Zeit belastete, als bereits die neue Grenze zwischen Polen und der Sowjetunion feststand. Auf polnischer Seite gab es zunächst Wilderei und Holzdiebstahl, auch illegale Waldbeweidung in großem Ausmaß. Hingegen wurde die polnische Naturforschung professionalisiert und ausdifferenziert. Der zunehmende Nationalpark-Tourismus führte zur Diskussion um Massentourismus und Naturschutz. Nach dem Zweiten Weltkrieg lebten noch einige Wisente in Gehegen, deren Zahl durch Züchtung beträchtlich vermehrt wurde. In den 1950er Jahren wurde auch mit ihrer Auswilderung begonnen. Im nun zur Sowjetunion (Weißrussland) gehörenden östlichen Wald wurde das Naturreservat dem Forstministerium mit unterschiedlichen Interessen unterstellt und diente insbesondere der Jagd durch herrschende Politiker, wodurch es zu einem Wildpark wie zur Zarenzeit wurde. Die auch dort in den 1950er Jahren erfolgte Auswilderung ließ die Zahl frei lebender Wisente, deren Jagd verboten war, ansteigen. 1960/61 lebten im polnischen Waldgebiet 34 Wisente und im weißrussischen Gebiet 28 Tiere; ihre Zahl wuchs bis 1990/91 im polnischen Gebiet auf 272 Tiere und im weißrussischen Gebiet auf 315 Tiere. Im Jahr 1979 nahm die UNESCO die Kernzone des polnischen Nationalparks in die Liste des Welterbes auf, im Jahr 1992 auch das in Nationalpark umbenannte weißrussische Schutzgebiet. Im Jahr 2014 wurde das gesamte Waldgebiet unter diesem Signum vereint. Als sein Markenzeichen gilt der Wisent mit etwa 900 Tieren, einem Viertel der Weltpopulation. Die Akzeptanz seitens der UNESCO war und ist auch gegenwärtig nicht problemfrei. Ein Konfliktthema ist insbesondere die Holznutzung, da die Bewohner großenteils noch mit Brennholz heizen und die derzeitige polnische Regierung die Holzwirtschaft intensiver betreiben lässt. Naturschützer problematisieren auch die Vervielfachung der Touristen, die für die Bewohner eine Einkommensquelle bedeuten.

Insgesamt handelt es sich in dem Buch um eine verdienstvolle historische Aufarbeitung zu einer der bedeutendsten europäischen Nationalparkregionen, deren Landschaftsvorstellung jedoch eher an den Rand rückt. Auch ist der Buchtitel „Wisent-Wildnis und Welterbe" irreführend, da die Studie kaum auf die Verhaltensweisen und Landschafts-

Buchbesprechungen

ansprüche dieser Großtiere eingeht, im Gegensatz zu ausgezeichneten Veröffentlichungen über andere Tierarten (so z.B. Fred Kurt 1977 und 1991). Hinsichtlich der Wisente und der „Wildnis"-Träume kann auf einige in dem Buch genannte Veröffentlichungen hingewiesen werden (u.a. Krazińska/ Kraziński 2008; Nigge/Schulze Hagen 2004; Ripperger/Semakow 2008; Schama 1996).

<u>Literaturhinweise:</u>
Małgorzata Krazińska; Zbigniew A. Kraziński: Der Wisent. Bison bonasus. Hohenwarsleben 2008
Fred Kurt: Wildtiere in der Kulturlandschaft. Erlenbach-Zürich 1977
Fred Kurt: Das Reh in der Kulturlandschaft. Sozialverhalten und Ökologie eines Anpassers. Hamburg u. Berlin 1991
Klaus Nigge, Karl Schulze Hagen: Die Rückkehr des Königs. Wisente im polnischen Urwald. Steinfurt 2004
Waleri Ripperger; Wjatscheslaw Semakow: Der Traum vom Urwald. Streifzüge durch die Bialowieser Heide. Tessin 2008
Simon Schama: Der Traum von der Wildnis. Natur als Imagination. München 1996

Gerd Vonderach

Die Rezension erscheint in englischer Sprache auch im Band 25 des Jahrbuchs „Eastern European Countrysite" (2019).

Autorin und Autoren

Peter Bussler, Offizier i. R., Dozent und Heimatforscher. Cuxhaven

Dr. Dirk Mathias Dalberg, Politikwissenschaftler. Bratislava

Bernhard Frommund, Polizei- u. Hafenmeister auf Deutsch-Guinea 1905-1908

Dr. Anneli Ute Gabanyi, Politikwissenschaftlerin. Berlin

Prof. Dr. Joachim Grube, Architekt. Nienburg

Prof. Dr. Hermann von Laer, Wirtschaftswissenschaftler. Vechta

Prof. Dr. Gerd Vonderach, Sozialwissenschaftler. Oldenburg

Vorschau auf geplante Beiträge

Karl Friedrich Bohler: Ulrich Plancks Studie über den bäuerlichen Familienbetrieb

Peter Bussler: Neuwerk – Kleinod im Wattenmeer. Ein historischer Abriss

Johannes Gold: Ethnische Konflikte im Kosovo

Gerd Hage: Die Entwicklung der Kalkarer Windmühle

Franz Kromka: Der romantische Traum vom Naturparadies. Ökologismus als neue Ersatzreligion

Katja Pourshirazi: Fritz Overbeck und Jost Wischnewski – eine Begegnung zwischen Landschaftsmalerei und zeitgenössischer Fotografie

Werner von der Ohe: Die Geschichte des Bieneninstituts Celle

Buchreihe Land-Berichte

Band 10
Gerd Vonderach: Die Erforschung ländlicher Lebenswelten. Streifzüge durch die Geschichte der ländlichen Sozialforschung.
Shaker Verlag, 2015. 10.- Euro. ISBN 978-3-8440-3330-4
Schwerpunktmäßiger Überblick über die Entwicklung und Ausprägung der ländlichen Sozialforschung in Deutschland, Österreich, Polen und Rumänien.

Band 11
Anton Sterbling: Zuwanderung, Kultur und Grenzen in Europa.
Shaker Verlag, 2015. 10.- Euro. ISBN 978-3-8440-3968-9
Der Band enthält vier Beiträge, die sich aus kritischer Sicht mit dem aktuell brisanten Thema der Zuwanderung und Integration befassen.

Band 12
Gerd Vonderach (Hrsg.): Die Zuwanderungsproblematik. Was kommt auf Europa zu?
Shaker Verlag, 2017. 10.- Euro. ISBN 978-3-8440-4981-7
Der Sammelband umfasst kritische Beiträge von Jost Bauch, Gunnar Heinsohn, Franz Kromka, Anton Sterbling und Gerd Vonderach.

Band 13
Gerd Vonderach: Lebensgeschichten – Widerfahrnisse und Selbstentwürfe. An Beispielen einer interpretativen Sozialforschung.
Shaker Verlag, 2017. 10.- Euro. ISBN 978-3-8440-5272-5
Der Verfasser berichtet über fünf von ihm durchgeführte Studien mit lebensgeschichtlichen Themen und Forschungsmethoden.

Band 14
Anton Sterbling: Am Rande Mitteleuropas. Über das Banat und Rumänien. Shaker Verlag, 2018. 10.- Euro. ISBN 978-3-8440-6195-6
Mehrere Beiträge über das historische Banat und seine deutschen Bewohner sowie über Rumäniens bis zur EU-Aufnahme.